所得税ハンドブック

令和6年度版

日本税理士会連合会［編］
ベストパイロット税理士法人・税理士　湊　義和［著］

中央経済社

序

税理士制度は，私ども税理士のみならず，国民・納税者のための公共の制度として健全な姿で定着し，税務行政の円滑な運営にも貢献をしてきました。また，税務の専門家である税理士がその職務完遂のため，たゆみない努力と研鑽を重ね，納税者のよき相談相手として，我が国の申告納税制度を側面から支えてまいりましたことは，改めて言うまでもありません。

本書は，日税連編集『税務経理ハンドブック』の掲載税目のうち，法人税，所得税，相続税を抽出し，図表を中心に３分冊にまとめた携帯至便な『ハンドブック』です。また，近年，関係省庁より法令・通達のほかQ&AやFAQなどの資料が多く公表されていることから，読者の利便性を考慮し，QRコード掲載による資料提供で対応しております。

本書が，税務に関する実務のよき指針として広く利用されるとともに，業務の伸展に役立つことを願ってやみません。

最後に，本書の編集に当たられた本会事業本部の方々をはじめ，企画に賛同の上，ご尽力いただいた執筆者各位に対し，深甚の謝意を申し述べます。

令和６年５月

日本税理士会連合会

会長　太田　直樹

目　　次

凡　例

1．参照ページ数の表示例

➡ p.71

2．法令の略称（主要なものを掲げた。その他は準ずるものとする）

民	民法
所法	所得税法
所令	所得税法施行令
所規	所得税法施行規則
所基通	所得税基本通達
措法	租税特別措置法
措令	租税特別措置法施行令
措規	租税特別措置法施行規則
措通	租税特別措置法関係通達
消法	消費税法
消軽減通達	消費税の軽減税率制度に関する取扱通達
耐用年数省令	減価償却資産の耐用年数に関する省令
平成28年改正法	所得税法等の一部を改正する法律（平成28年法律第15号）
平成28年改正令	消費税法施行令等の一部を改正する省令（平成28年政令148号）
平成31年改正法	所得税法等の一部を改正する法律（平成31年法律第６号）
令和２年改正法	所得税法等の一部を改正する法律（令和２年法律第８号）
令和５年改正法	所得税法等の一部を改正する法律（令和５年法律第３号）
令和６年改正法	所得税法等の一部を改正する法律（令和６年法律第８号）
地法	地方税法
復興確保法	東日本大震災からの復興のための施策を実施するために必要な財源の確保に関する特別措置法

3．QR コード資料集（令和６年度税制改正関係）

左記の QR コードをスキャンしていただくと，資料集のサイトにリンクされます。

第１編　税制改正の動向

1　税制改正大綱・「税制改正の基本的考え方」の推移

所得税においては，平成29年度の税制改正から大きな改正が続いており，今後のタックスプランの検討やクライアントからの質問に備えて改正理由や今後の動きを押さえておくことは重要である。

以下，与党税制改正大綱から抜粋する。

1　平成29年度税制改正

第一　平成29年度税制改正の基本的考え方

１．経済社会の構造変化を踏まえた個人所得税改革

わが国の経済社会は近年において著しい構造変化を遂げている。個人所得税課税についても，経済社会の構造変化を踏まえた改革を行っていく必要があるが，平成29年度の税制改正においては，喫緊の課題への対応として就業調整を意識しなくて済む仕組みを構築する観点から配偶者控除・配偶者特別控除の見直しを行う。その上で，今後数年をかけて，基礎控除をはじめとする人的控除等の見直し等の諸課題に取り組んでいくこととする。

⑴　配偶者控除・配偶者特別控除の見直し

就業調整を意識しなくても済む仕組みを構築するためには，税制，社会保障制度，企業の配偶者手当制度などの面で総合的な取組みを進める必要がある。

税制面においては，このような仕組みとして，配偶者控除を廃止するという考え方や配偶者控除を廃止した上で夫婦世帯を対象に新たな控除を認めるといった考え方がある。しかし，わが国の個人所得課税においては，一定の収入以下の扶養親族を有する場合に，それぞれの事情に応じて納税者の担税力の減殺を調整することとしており，配偶者控除もその調整の仕組みの一つである。また，諸外国においても配偶者の存在を考慮した仕組みが設けられている。こうした点を勘案すれば，配偶者控除を廃止して，配偶者に係る配慮を何ら行わないことには問題がある。また，夫婦世帯を対象に新たな控除を認めるとの考え方もあるが，全ての夫婦世帯を対象とすれば，高所得者の夫婦世帯にまで配慮を行うこととなり，非常に多額の財源を必要とすることから，控除の適用に当たって夫婦世帯の所得に上限を設けることが必要となる。しかし，わが国においては個人単位課税を採用しており，世帯単位で所得を把握することが難しいとの問題がある。また，夫婦世帯を対象に新たな控除を設けることについて，国民の理解が深まっているとは言えない。こうした問題を踏まえると，これらの考え方を具体的な制度改正の案として直ちに採用することは難しい。

他方で，配偶者が就業時間を調整することによって，納税者本人に配偶者控除が適用される103万円以内にパート収入を抑える傾向があると指摘されている（いわゆる「103万円の壁」）。これについては，配偶者特別控除の導入によって，配偶者の給与収入が103万円を超えても世帯の手取り収入が逆転しない仕組みとなっており，税制上，いわゆる「103万円の壁」は解消している。それにもかかわらず収入を抑える傾向が生じる要因として，「103万円」という水準が企業の配偶者手当制度等の支給基準に援用されていることや，いわゆる「103万円の壁」が心理的な壁として作用していることが指摘されている。生産年齢人口が減少を続け人手不足と感じている企業が多い中，パート収入を一定の範囲内に抑えるために就業時間を抑える傾向は，最低賃金が引き上げられていくにつれ，更に強まるのではないかということが懸念される。

このような就業調整をめぐる喫緊の課題に対応するため，所得税・個人住民税における現行の配偶者控除・配偶者特別控除の見直しを行う。具体的には，所得税の場合，配偶者特別控除について，所得控除額38万円の対象となる配偶者の合計所得金額の上限を85万円（給与所得のみの場合，給与収入150万円）に引き上げるとともに，現行制度と同様に，世帯の手取り収入が逆転しないような仕組みを設ける。この給与収入150万円という水準は，安倍内閣が目指している最低賃金の全国加重平均額である1,000円の時給で１日６時間，週５日勤務した場合の年収（144万円）を上回るものである。

こうした見直しは，働きたい人が就業調整を行うことを意識しないで働くことのできる環境づくりに寄与するものであり，また，人手不足の解消を通じて日本経済の成長にも資することが期待される。

同時に，配偶者控除・配偶者特別控除について，担税力の調整の必要性の観点から，これらの控除が適用される納税者本人の合計所得金額に所得制限を設けることとし，国・地方を通じた税収中立を確保する。こうした所得制限は，後述する所得再分配機能の回復に資するものであるが，その際，所得に応じた税負担の差をなだらかにする観点から，所得控除額を所得に応じて逓減・消失させていく仕組みとする。今回の配偶者控除・配偶者特別控除の見直しによる個人住民税の減収額については，全額国費で補填する。

就業調整を意識しなくて済む仕組みの構築は，税制だけで達成できるものではなく，社会保障制度などの関連する制度・政策における取組みが重要である。本年10月より被用者保険の適用拡大が実施されているが，短時間労働者の就業調整を防ぐなどの観点から今後も更なる適用拡大に向けた検討を着実に進めていくこととしており，今後とも就業調整につながる要因を取り除いていくことが重要である。

また，配偶者が一定の収入以下であることを要件とする企業の配偶者手当制度等も就業調整の大きな要因の一つである。配偶者手当制度等を有している企業に対しては，今般の配偶者控除・配偶者特別控除の見直しを踏まえ，労使の真摯な話し合いの下，就業調整問題を解消する観点からの見直しを行うことを強く要請する。

⑵　今後の所得税課税改革の方向性

・個人所得課税においては，所得再分配機能の回復を図ることが重要であり，各種控除等の総合的な見直しを丁寧に検討していく必要がある。
・給与所得控除などの「所得の種類に応じた控除」と基礎控除などの「人的控除」のあり方を全体として見直すことを検討していく。
・老後の生活など各種のリスクに備える自助努力を支援するための企業年金，個人年金，貯蓄・投資，保険等に関連する諸制度のあり方について，社会保障制度を補完する観点や働き方の違い等によって有利・不利が生じないようにするなど公平な制度を構築する観点から幅広い検討を行う。

2　平成30年度税制改正

第一　平成30年度税制改正の基本的考え方
1．個人所得課税の見直し
(1)　平成30年度税制改正における対応
①　給与所得控除・公的年金等控除から基礎控除への振替
・様々な収入の中でも，給与収入と公的年金等収入のみに給与所得控除や公的年金等控除といった所得計算上の控除が認められ，働き方や収入の稼得方法により所得計算が大きく異なる仕組みとなっている。
・特定の収入にのみ適用される給与所得控除や公的年金等控除から，どのような所得にでも適用される基礎控除に，負担調整の比重を移していくことが必要である。
②　給与所得控除の見直し
・平成26年度税制改正大綱において「現行の水準は，所得税の課税ベースを大きく浸食しており，実際の給与所得者の勤務関連所得に比しても，また主要国の概算控除額との比較においても過大となっていることから，中長期的には主要国並みの控除水準とすべく，漸次適正化のための見直しが必要である」との基本的な方向性が示され，（中略）平成30年度税制改正においても，この方針に沿って，引き続き給与所得控除の上限の引下げを行う。
③　公的年金等控除の見直し
・公的年金等控除については，給与所得控除とは異なり収入が増加しても控除額に上限がなく，（中略）高所得の年金所得者にとって手厚い仕組みとなっている。世代内・世代間の公平性を確保する観点から，公的年金等控除について，公的年金等収入が1,000万円を超える場合，控除額に上限を設けることとする。また，公的年金等収入以外の所得金額が1,000万円を超える場合には控除額を10万円引き下げ，2,000万円を超える場合には控除額を20万円引き下げることとする。
④　基礎控除の見直し
・わが国の基礎控除については，所得の多寡によらず一定金額を所得から控除する所得控除方式が採用されているが，高所得者にまで税負担の軽減効果を及ぼす必要性は乏しいのではないか，高所得者ほど税負担の軽減額が大きいことは望ましくないのではないかとの指摘がある。（中略）基礎控除は，人的控除の中で最も基本的な控除であり，より広い所得階層に適用されるべきものであることを踏まえ，所得金額2,400万円超から逓減し，2,500万円超で消失する仕組みとする。

(2)　今後の見直しに向けた基本的方向性
・今後も，所得再分配機能の回復や税負担のあり方の観点から，引き続き見直しを継続する。
・給与所得控除や公的年金等控除といった所得計算上の控除については，働き方の多様化の進展状況等も踏まえ，基礎控除への更なる振替を検討する。
・適正な記帳の確保に向けた方策を講じつつ，事業所得等の適正な申告，所得把握に向けた取組みを進める。

3　平成31年度税制改正

第一　平成31年度税制改正の基本的考え方
５．社会経済の構造変化等を踏まえた税制の検討
(1)　個人所得税課税のあり方
①　今後の所得税課税改革の基本的方向性
・今後も，これまでの税制改正大綱に示された方針を踏まえ，社会経済の構造変化への対応や所得再分配機能の回復の観点から，各種控除のあり方等を検討する。
・適正な記帳の確保に向けた方策を講じつつ，事業所得等の適正な申告に向けた取組みを進める。
②　老後の生活等に備える資産形成を支援する公平な制度のあり方
・老後の生活など各種のリスクに備える資産形成については，企業年金，個人年金等の年金税制，貯蓄・投資，保険等の金融税制が段階的に整備・拡充されてきたが，働き方の多様化が進展する中で，働き方の違い等によって税制による支援が異なること，各制度それぞれで非課税枠の限度管理が行われていることといった課題がある。（中略）関係する諸制度について，社会保障制度を補完する観点や働き方の違い等によって有利・不利が生じないようにするなど公平な制度を構築する観点から，諸外国の制度も参考に，包括的な見直しを進める。

4　令和２年度税制改正

第一　令和２年度税制改正の基本的考え方
４．経済社会の構造変化を踏まえた税制の見直し
(2)　人生100年時代に対応するための環境整備
働き方やライフコースが多様化する中で，老後の生活に備えるための支援について，働き方によって有利・不利が生じない公平な税制の構築が求められている。（中略）年金課税については，拠出・運用・給付の各段階を通じた適正かつ公平な税負担を確保することが必要である。（中略）また，現在の退職給付は一時金での受け取りが多いが，税制についても，給付が一時金払いか年金払いかによって税制上の取扱いが異なり，給付のあり方に中立ではないという課題がある。また，一時払いの場合，勤続期間が20年を超えると一年あたりの控除額が増加する仕組みとなっており，転職などの増加に対して対応していないといった指摘もある。税制が老後の生活や資産形成を左右しない仕組みとするべく，給与・退職一時金・年金給付の間の税負担のバランスについても考える必要がある。あわせて，

金融所得に対する課税のあり方について，家計の安定的な資産形成を支援する制度の普及状況や所得階層別の所得税負担率の状況も踏まえ，税負担の垂直的公平性等を確保する観点から，（中略）総合的に検討する。

5　令和３年度税制改正

第一　令和３年度税制改正の基本的考え方
５．経済社会の構造変化を踏まえた税制の見直し
(1)　経済社会の構造変化を踏まえた個人所得課税のあり方
①　個人所得課税における諸控除の見直し
個人所得課税については，わが国の経済社会の構造変化を踏まえ，配偶者控除等の見直し，給与所得控除・公的年金等控除・基礎控除の一体的な見直しなどの取組みを進めてきている。今後も，これまでの税制改正大綱に示された方針や，令和２年分所得から適用となった改正の影響等も踏まえ，働き方の多様化を含む経済社会の構造変化への対応や所得再分配機能の回復の観点から，各種控除のあり方等を検討する。
(2)　私的年金等に関する公平な税制のあり方
働き方やライフコースが多様化する中で，老後の生活に備えるための支援について，働き方によって有利・不利が生じない公平な税制の構築が求められている。
こうした観点から，拠出段階の課税については，例えばイギリスやカナダにおける各種私的年金の共通の非課税拠出限度枠なども参考に，働き方によって税制上の取扱いに大きな違いが生じないような姿を目指し，議論を具体化していく段階にきている。

6　令和４年度税制改正

第一　令和４年度税制改正の基本的考え方
２．経済社会の構造変化を踏まえた税制の見直し
(1)　個人所得課税のあり方
①　諸控除の見直し
（前略）今後も，これまでの税制改正大綱に示された方針や，令和２年分所得から適用となった改正の影響等も踏まえ，各種控除のあり方等を検討する。
②　私的年金等に関する公平な税制のあり方
（前略）私的年金や退職給付のあり方は，個人の生活設計にも密接に関係することなど十分に踏まえながら，（中略）老後に係る税制について，あるべき方向性や全体像の共有を深めながら，具体的な案の検討を進めていく。
なお，高所得者層において，所得に占める金融所得等の割合が高いことにより，所得税負担率が低下する状況がみられるため，これを是正し，税負担の公平性を確保する観点から，金融所得に対する課税のあり方について検討する必要がある。（後略）
③　記帳水準の向上等
（前略）今般の感染症への対応においては，中小・小規模事業者への給付金の

支給や融資に際し,(中略)日々の適正な記帳の重要性が改めて浮き彫りになった。(中略)複式簿記による記帳を更に普及・一般化させる方向で,納税者側での対応可能性も十分に踏まえつつ,所得税の青色申告制度の見直しを含めた個人事業主の記帳水準向上等に向けた検討を行う。

第三　検討事項

7　(前略)複式簿記による記帳や優良な電子帳簿の普及・一般化のための措置,記帳義務の適正な履行を担保するためのデジタル社会にふさわしい諸制度のあり方やその工程等について更なる検討を早急に行い,結論を得る。

7　令和5年度税制改正

第一　令和5年度税制改正の基本的考え方等

(前略)日本社会に希望は多く眠っている。(中略)まだ力を発揮し切っていない資金や資産,そしてこれらを振り向けうる人材が豊富に存在するからである。

このままではわが国が世界経済の中で埋没していってしまうという危機感も背景に,現在,直面している難局を契機として,こうした資金や資産に光を当て,変化に立ち向かうための新たなモメンタムを創り出す覚悟を決めなければならない。

令和5年度税制改正においては,これまで不十分だったと言わざるを得ない分野に大胆に資金を巡らせることにより,個人や企業,そして地域に眠るポテンシャルを最大限引き出すとのメッセージを税制において具現化した。(後略)

1．成長と分配の好循環の実現

(1)　NISAの抜本的拡充・恒久化(略)

(2)　スタートアップ・エコシステムの抜本的強化(略)

第三　検討事項

6　(前略)記帳水準の向上,トレーサビリティの確保を含む帳簿の事後検証可能性の確立の観点から,納税者側での対応可能性や事務負担,必要なコストの低減状況も考慮しつつ,税務上の透明性確保と恩典適用とのバランスを含めて,複式簿記による記帳や優良な電子帳簿の普及・一般化のための措置,記帳義務の適正な履行を担保するためのデジタル社会にふさわしい諸制度のあり方やその工程等について更なる検討を早急に行い,結論を得る。

8　令和6年度税制改正

第一　令和6年度税制改正の基本的考え方

令和6年度税制改正では,まずは,物価上昇を上回る賃金上昇の実現を最優先の課題とした。(中略)所得税・住民税の定額減税により,今後の賃金上昇と相まって,目に見える形で可処分所得を伸ばす。賃上げ促進税制を強化し,賃上げにチャレンジする企業の裾野を広げる。さらに,中小企業の中堅企業への成長を後押しする税制を組み合わせることで,賃金が物価を上回る構造を実現し,国民がデフレ脱却のメリットを享受できる環境を作る。(中略)働き手に新たな活躍の場を提供し,生産性や潜在成長率を引き上げていくには,スタートアップ・エコシステムの抜本的強化が欠かせない。令和6年度税制改正では,ストックオプション税制の年間行使価額の上限を大幅に引き上げるなど，ステージ毎の課題解決に資するようきめ細かく対応する。
3．経済社会の構造変化を踏まえた税制の見直し
(2) 今後の個人所得課税のあり方
① 私的年金等に関する公平な税制のあり方
② 人的控除をはじめとする各種控除の見直し
③ 記帳水準の向上等

2 令和６年度改正の主な項目

1 所得税の定額減税（措法41の３の３）

(1) 対象者

令和６年分の所得税に係る合計所得金額が1,805万円以下の居住者

なお，住民税の定額減税対象者は，令和６年度の個人住民税に係る合計所得金額とされており，令和５年分の合計所得金額により判定される。

(2) 定額減税額

① 本人 ３万円

② 居住者である同一生計配偶者又は扶養親族 １人につき３万円

（注） 同一生計配偶者については，➡p.109 参照。扶養親族は，年齢16歳未満の者の年少扶養親族も含む。これらの判定はその年12月31日（死亡又は出国の場合は死亡又は出国の時）の現況による。

2 ストックオプション税制の拡充（措法29の２）

(1) 新株予約権の年間行使限度額の拡充

① 設立の日以後の期間が５年未満の株式会社
2,400万円（改正前：1,200万円）

② 設立の日以後の期間が５年以上20年未満の非上場株式会社又は金融商品取引所に上場されている会社で上場等の日以後の期間が５年未満のもの
3,600万円（改正前：1,200万円）

(2) 金融商品取引業者等による保管委託等要件の緩和

新株予約権の付与等に係る契約において，当該新株予約権の行使により交付された当該会社の株式（譲渡制限株式に限る）を当該会社が管理する旨が定められている場合には，証券会社等の金融商品取引業者等により保管委託要件等を不要とする。

(3) 適用時期

令和６年分以後の所得税について適用する（令和６年改正法附則31①）。

3　賃上げ促進税制

(1)　教育訓練費要件の緩和及び女性活躍・子育て支援の取組み加算枠の創設（措法10の５の４③）

<table>
<tr><td></td><td></td><td>現行通り</td><td>改正</td><td>改正</td><td></td></tr>
<tr><td>基本指標</td><td>増加率</td><td>税額控除率</td><td>教育訓練費加算（注２）</td><td>女性活躍・子育て支援加算（注３）</td><td>最大控除率</td></tr>
<tr><td rowspan="2">雇用者給与等支給額の増加割合（注１）</td><td>1.5%</td><td>15%</td><td rowspan="2">10%</td><td rowspan="2">5%</td><td>30%</td></tr>
<tr><td>2.5%</td><td>30%</td><td>45%</td></tr>
</table>

（注１）　雇用者給与等支給額の増加割合 ＝ $\dfrac{\text{雇用者給与等支給額}-\text{比較雇用者給与等支給額}}{\text{比較雇用者給与等支給額}}$

（注２）　以下の２つの要件を満たす場合には，教育訓練費加算が適用

①　（その年の教育訓練費の額－比較教育訓練費の額）／比較教育訓練費の額≧５％

②　その年の教育訓練費の額／その年の雇用者給与等支給額≧0.05％

（注３）　プラチナくるみん認定，プラチナくるみんプラス認定及びプラチナえるぼし認定については，適用年の12月31日において認定を取得している場合，くるみん認定，くるみんプラス認定及びえるぼし認定（二段階目～三段階目）については，適用年において認定を取得した場合が加算の対象

(2)　繰越控除制度の創設（措法10の５の４④）

青色申告書を提出する個人の各年（事業を廃止した日の属する年を除く）の前年以前５年内の各年に生じた税額控除限度額のうち，控除しきれなかった金額は，その年の雇用者給与等支給額が比較雇用者給与等支給額を超える場合には，その年分の総所得金額に係る所得税額から控除することができる。ただし，その年分の調整前事業所得税額の20％に相当する金額を限度とする。

なお，上記(1)及び(2)以外の本制度の概要は，➡p.113 を参照のこと。

(3)　適用時期

令和７年分以後の所得税について適用する（令和６年改正法附則26①）。

4　住宅借入金等特別控除（措法41～41の２の２）

➡p.116 を参照のこと。

3 「主な改正項目」の推移

改正年度	内容	適用時期
平成30年（2018年）	1　給与所得控除及び公的年金控除から基礎控除へ10万円振替	令和２年分（2020）以降
	2　給与所得控除の上限195万円（給与収入850万円超）	
	3　公的年金控除の上限及びその他の所得に応じた控除の引下げ	
	4　基礎控除の引上げ及び所得に応じた逓減	
	5　所得金額調整控除の創設	
	6　青色申告特別控除の改正（原則55万円，電子申告時等65万円）	
平成31年（2019年）	1　居住用財産を譲渡した場合の3,000万円控除（空き家特例）の拡充	平成31年４月１日以後の譲渡
	2　住宅借入金等特別控除の拡充（11年目から13年目の控除）	令和元年10月１日から令和２年12月31日までに居住の用に供した場合
令和２年（2020年）	1　国外中古建物の不動産所得に係る損益通算の特例の創設	令和３年分以降
	2　ひとり親控除の創設	令和２年分以降
	3　寡婦（寡夫）控除の見直し	
	4　国外居住親族に係る扶養控除の見直し	令和５年分以降
	5　低未利用土地等を譲渡した場合の長期譲渡所得の特別控除の創設	令和２年７月１日以後の譲渡
	6　配偶者居住権が消滅した場合の譲渡所得の計算	令和２年４月１日以後の消滅
令和３年（2021年）	1　短期退職手当等に対する退職所得課税の適正化	令和４年１月１日以後支払い分
	2　同族会社が発行する社債の利子等の総合課税の範囲拡大	令和３年４月１日以後支払い分
	3　デジタルトランスフォーメーション（DX）投資促進税制の創設	令和３年８月２日以後取得
	4　所得拡大税制の継続雇用者要件等の廃止	令和４年分以降

令和４年 （2022年）	1　住宅借入金等特別控除（ZEH 水準省エネ住宅等の上乗せ措置等）	令和４年分以降
	2　完全子会社株式等の配当等に係る源泉徴収義務の見直し	令和５年10月１日以後支払い分
	3　上場株式等の配当所得等に係る大口株主等の範囲の見直し	令和５年10月１日以後支払い分
	4　上場株式等の配当所得等に係る個人住民税の課税方法の見直し	令和６年分以後の住民税
	5　賃上げ促進税制の導入	令和５年分以降
令和５年 （2023年）	1　NISA の拡充・恒久化	令和６年分以降
	2　エンジェル税制の拡充，要件緩和	令和５年４月１日以後
	3　超高額所得者（３億3,000万円超）への所得税の追加課税	令和７年分以降
	4　空き家に係る3,000万円控除（取壊し要件緩和，特別控除一部縮減）	令和６年分以降
	5　特定の事業用資産の買換え（繰延割合，譲渡＆取得同一年届出制）	令和５年（届出６年）４月１日以後
	6　中小企業者等が機械等を取得した場合の特別償却（業種制限）	令和５年４月１日以後
	7　中小企業者等が特定経営力向上設備等を取得した場合の特別償却（業種制限）	令和５年４月１日以後
	8　特定非常災害に係る純損失の繰越控除及び雑損失の繰越控除	令和５年４月１日以後指定災害

第２編　各種所得の計算

1　利子所得

1　利子所得の種類（所法23①）

①	預貯金の利子
②	公社債の利子
③	合同運用信託の収益の分配金
④	公社債投資信託の収益の分配金
⑤	公募公社債等運用投資信託の収益の分配金

2　利子所得とならない利子等

下記の利子は，雑所得となる（所基通35-1(2)(3)，35-2(6)）。

① 学校債，組合債等の利子
② 定期積金に係る契約等に基づく給付補塡金
③ 金銭の貸付け（いわゆる金銭消費貸借契約）による受取利息
（ただし，従業員や取引先への貸付けに係るものは，事業所得）

3　公社債等の利子の課税関係

平成28年１月１日以後に支払を受けるべき公社債等の利子の課税関係は以下のとおり（措法３①一，３の３①，８の４，８の５，37の10②七，37の11②二，五～十四）。

<table>
<tr><th>公社債等の種類</th><th>区分</th><th>課税方法</th><th>源泉徴収税率</th></tr>
<tr><td>①　国債，地方債</td><td rowspan="7">特定公社債等</td><td rowspan="7">「申告分離課税」と「申告不要」を選択
（総合課税の選択不可）</td><td rowspan="7">所得税＆復興所得税：15.315％
住民税：５％</td></tr>
<tr><td>②　上場公社債</td></tr>
<tr><td>③　公募公社債</td></tr>
<tr><td>④　平成27年12月31日以前に発行された公社債（同族会社発行分を除く。）</td></tr>
<tr><td>⑤　その他一定の特定公社債</td></tr>
<tr><td>⑥　公募公社債投資信託の受益権その他一定の受益権</td></tr>
<tr><td>⑦　国外一般公社債等以外の国外公社債等</td></tr>
</table>

⑧　同族会社が発行した社債で同族株主等が支払を受けるもの		総合課税	所得税＆復興所得税：15.315% 住民税：なし
⑨　上記以外の一般公社債	その他の一般公社債	源泉分離課税	所得税＆復興所得税：15.315% 住民税：５％

4　同族会社が発行した社債で同族株主等が支払を受けるもの（措法３①四，37の10③八，措令１の４③⑤，措規２②）

⑴　総合課税の対象となるもの

① 当該社債の利子の支払確定日（無記名の公社債の利子については，その支払をした日）において，対象者又は当該対象者と特殊の関係のある法人を判定の基礎となる株主として選定した場合に当該社債の利子の支払をした法人が法人税法２条10号に規定する「同族会社」に該当する場合の「当該対象者その他一定の者」が支払を受けた社債の利子

② 当該対象者及びその親族等が支払を受けるその同族会社が発行した社債の償還金についても，総合課税の対象とする。

⑵　対象者と特殊の関係のある法人（措令１の４③）

対象者及びその親族等との間に直接又は間接的に，発行済株式等の50%超を保有する関係のある法人

⑶　「当該対象者その他一定の者」の範囲（措規２②）

上記⑴でいう当該対象者（ここでは，「特定個人」という。）その他一定の者とは，下記をいう。

① 特定個人

イ　特定株主等である個人

当該会社の株主グループにつきその所有割合が最も大きいものから順次その順位を付し，その第一順位の株主グループ，第二順位の株主グループ，第三順位の株主グループについて順次合計して，以下に従って判定した場合に「特定株主等」である個人

株主グループ判定	特定株主等の判定
A　第一順位の株主グループ単独で所有割合が50%超となる場合	第一順位の株主グループに属しているか？
B　第一順位と第二順位の株主グループを合計してはじめて所有割合が50%超となる場合	第一順位又は第二順位のいずれかの株主グループに属しているか？

C　第一順位から第三順位までの株主グループを合計してはじめて所有割合が50％超となる場合	第一順位から第三順位までのいずれかの株主グループに属しているか？

ロ　個人と上記(2)に規定する特殊の関係のある法人が特定株主等となる場合における当該個人

②　特定個人と一定の関係のある者

A　特定個人の親族

B　特定個人と婚姻の届出をしていないが事実上婚姻関係と同様の事情にある者

C　特定個人の使用人

D　A～C以外の者で，特定個人から受ける金銭その他の資産によって生計を維持しているもの

E　上記B～Dに掲げる者と生計を一にするこれらの者の親族

(4)　上記(1)から(3)は，令和３年４月１日以後に支払を受けるべきものから適用される

2　配当所得

1　配当所得の課税関係の概要

国内払いの配当所得の課税関係は以下のとおりとなっている。

区分	源泉徴収税率	条文	確定申告の選択	条文	申告内容の選択	条文	配当控除の適用	条文	上場株式等の譲渡損との損益通算	条文
上場株式等の配当等	所得税・復興所得税：15.315％ 住民税５％	措法９の３，復興財確法28	申告不要	措法８の５						
			確定申告		申告分離課税（措法８の４）	措法８の４	×	措法８の４	○	措法37の12の２
					総合課税（所法22，89，165）	所法22，89，165	○	所法92	×	
上記以外の配当等	所得税・復興所得税：20.42％	所法182二，復興財確法28	申告不要	措法８の５						
			確定申告		総合課税（所法22，89，165）	所法22，89，165	○	所法92	×	

（注１）　令和５年分以後は，所得税と個人住民税について，同一の課税方式とされる。

（注２）　上場株式等の配当等について，申告不要と総合課税・配当控除の分岐点の目安は，課税所得金額900万円（税率23％）。

(1) 上場株式等の配当等（措法８の４①②）

上場株式等の配当等とは以下の配当等をいう。

<table>
<tr><td>A</td><td rowspan="3">特定上場株式等</td><td>措法37の11②一に掲げる株式等の利子等又は配当等</td><td>かつ</td><td>大口株主等以外の者が受け取る配当</td></tr>
<tr><td>B</td><td colspan="3">投資信託でその設定に係る受益権の募集が公募により行われたものの収益の分配</td></tr>
<tr><td>C</td><td colspan="3">特定投資法人の投資口の配当等</td></tr>
<tr><td colspan="2">D</td><td colspan="3">特定受益証券発行信託（信託契約の締結時において委託者が取得する受益権の募集が公募により行われたものに限る。）の収益の分配</td></tr>
<tr><td colspan="2">E</td><td colspan="3">特定目的信託（信託契約締結時において現委託者が有する社債的受益権の募集が一定の公募により行われたものに限る。）の社債的受益権の剰余金の配当</td></tr>
<tr><td colspan="2">F</td><td colspan="3">措法３①一に規定する特定公社債の利子</td></tr>
</table>

（注１） 上記Ａ，Ｂ，Ｃは，「特定上場株式等」といい，確定申告において，申告分離課税と総合課税の選択ができる。Ｄ，Ｅ，Ｆは申告分離課税。

（注２） 平成25年１月１日以後に国内において支払を受けるべき私募公社債等運用投資信託等の収益の分配及び国内における一定の取扱者を通じて交付を受ける国外私募公社債等運用投資信託等の収益の分配に係る配当については，所得税等15.315％の税率による源泉分離課税（措法８の２，８の３，復興財確法28）。

（注３） 大口株主等とは，配当等の支払を受ける者及びその者を判定の基礎となる株主として選定した場合に同族会社に該当する法人が保有する株式等を合算して，配当基準日の株式保有割合が100分の３以上となる者。

(2) 上場株式等の配当等以外の配当等（いわゆる非上場株式等の配当等）の申告不要制度（措法８の５①一，④）

① １回に支払を受ける金額が以下の金額以下

$$10万円 \times \frac{配当計算期間}{12か月}$$

② 上記①は，１回に支払を受ける金額ごとに判定できる

2 国外上場株式等の配当等

国外市場に上場している外国株式等の配当等を国外で受領した場合であっても，国内払いの上場株式等の配当等と同様に申告分離課税を選択できる。これは，上場株式等の範囲を租税特別措置法37条の11第２項１号において，「株式等で金融証券取引所に上場されているものその他これに類するものとして政令で定めるもの」とし，具体的には，租税特別措置法施行令25条の９第２項２号において，「金融商品取引法２条８項３号ロに規定する外国金融商品市場において売買されている株式」を含めているからである。

ただし，平成28年分より，上場株式等の分離配当所得は，上場株式等の譲渡損失と

の損益通算を租税特別措置法37条の12の２において認めているが，同条２項に規定している「上場株式等に係る譲渡損失」は，原則として，国内金融商品取引業者への売委託による上場株式等の譲渡や国内金融商品取引業者への上場株式等の譲渡に限定している。よって，国外の証券業者を通じた上場株式等の譲渡損失は，「上場株式等に係る譲渡損失」には含まれず，上場株式等の分離配当等所得との損益通算は認められない。

この部分は，後述の有価証券の譲渡の項にて，再度解説する。➡p.77

3　NISA 制度（措法37の14）

令和６年以降のNISA制度（非課税口座内の配当所得及び譲渡所得等の非課税措置）は以下のとおりである。

<table>
<tr><th></th><th>つみたて投資枠
（特定累積投資勘定）</th><th>成長投資枠
（特定非課税管理勘定）</th></tr>
<tr><td>運用対象者</td><td colspan="2">その年１月１日において18歳以上の居住者又は恒久的施設を有する非居住者</td></tr>
<tr><td>年間投資上限額</td><td>120万円</td><td>240万円</td></tr>
<tr><td>非課税保有期間制限</td><td colspan="2">一生涯</td></tr>
<tr><td rowspan="2">非課税保有限度額</td><td></td><td>1,200万円</td></tr>
<tr><td colspan="2">1,800万円（合算で判定）</td></tr>
<tr><td>投資方法</td><td>証券会社等との契約により，定期的かつ継続的に投資</td><td>制限無し</td></tr>
<tr><td>投資できる金融商品</td><td>公募株式投資信託等（上場株式は不可）</td><td>上場株式，公募株式投資信託等</td></tr>
</table>

4　個人が非上場株式を発行会社へ譲渡した場合の取扱い

法人が自己株式を取得する場合（金融商品取引所を開設する市場における取得等を除く。）において，個人がその発行会社から対価として金銭その他の資産の交付を受けた場合には，その交付を受けた金銭の額及び金銭以外の資産の価額の合計額がその発行会社の資本金等の額のうち，その交付の基因となった株式に対応する部分の金額（以下，単に「資本金等の額のうち対応する部分の金額」とする。）を超える場合には，その超える部分の金額は配当所得とみなされ，資本金等の額のうち対応する部分の金額は，一般株式等の譲渡所得の譲渡収入とみなされる（所法25①，措法37の10③五）。

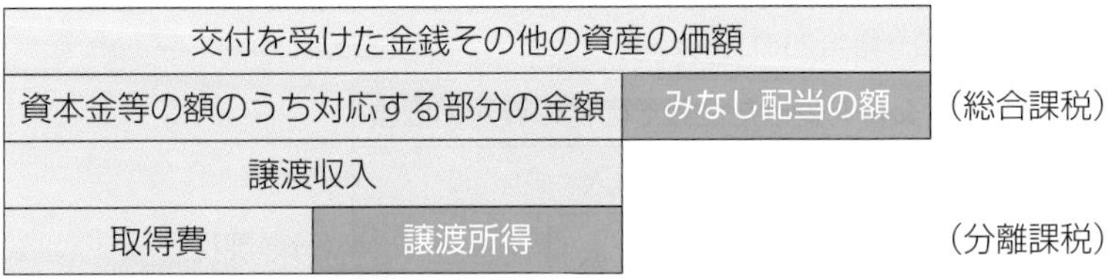

交付を受けた金銭その他の資産の価額

資本金等の額のうち対応する部分の金額　みなし配当の額　（総合課税）

譲渡収入

取得費　譲渡所得　（分離課税）

(1) 資本金等の額

法人の資本金の額又は出資の額に一定の金額を加えた金額（法法２十六，法令８）

(2) 資本金等の額のうち対応する部分の金額

１株当たりの資本金等の額×発行会社へ譲渡した株式数

$$1株当たりの資本金等の額 = \frac{自己株式の取得等の直前の資本金等の額}{\left(自己株式の取得等の直前の発行済株式総数 - 直前に保有している自己株式数\right)}$$

(3) 事　例

Ａ社の資本金等の額は15,000千円で，発行済株式数：1,000株とし， 直前保有の自己株式はないものとする。今回，甲氏は，Ａ社にＡ社株式を100株を譲渡し，2,500千円を受け取った。甲氏のＡ社株式の取得費は，１株当たり10千円であった。

【計算】

① １株当たりの資本金等の額

15,000千円÷1,000株＝15千円

② 資本金等の額のうち対応する部分の金額

15千円×100株＝1,500千円

③ みなし配当金額

2,500千円－1,500千円＝1,000千円

④ 譲渡所得の取得費

10千円×100株＝1,000千円

⑤ 譲渡所得

1,500千円－1,000千円＝500千円

5　相続により取得した非上場株式を発行会社へ譲渡した場合の取扱い

相続又は遺贈により財産を取得した個人で納付すべき相続税額がある者が，相続の開始があった日の翌日から相続税の申告書の提出期限の翌日以後３年を経過する日までの間に，相続税の課税価格の基礎に算入された非上場会社の株式をその発行会社へ譲渡した場合には，**3**のみなし配当とされる部分についても，配当所得とはみなさず，一般株式等の譲渡所得の譲渡収入とされる（措法９の７）。

また，上記の要件を満たして当該非上場会社の株式を譲渡した場合には，その者が課された相続税額のうち，その譲渡した株式に対応する金額を取得費に加算することができる（措法39，措令25の16①）。

交付を受けた金銭その他の資産の価額			
譲渡収入			
取得費	取得費加算	譲渡所得	（分離課税）

3　不動産所得

1　収入金額の計上時期

区分		収益の帰属時期	通達
①　契約，慣習により支払日が定められているもの		定められた支払日	所基通36-5
②　支払日が定められていないもの	請求があった時に支払うべきものとされているもの	請求日	
	その他の場合	支払を受けた日	
③　賃貸借契約の存否の係争等	賃貸料の額に関する係争	供託された金額は①又は②。判決等により供託金を超える金額を受領する場合は，判決等があった日	
	賃貸借契約の存否の係争による既往期間の賃貸料相当額（供託されたものの他，供託されなかったもの及び遅延利息その他の損賠賠償金を含む。）	判決，和解等があった日	
④　頭金，権利金，名義書換料，更新料	貸付資産の引渡しを要するもの	引渡しのあった日（契約の効力発生の日との選択適用可）	所基通36-6
	引渡しを要しないもの	契約の効力発生の日	
⑤　敷金，保証金	イ　全額返金を要するもの	収入ではない	所基通36-7
	ロ　貸付期間の経過に関係なく返還しない定めがある部分の金額	④により判定する	
	ハ　貸付期間の経過に応じて返還しないこととなる場合のその返還しない部分の金額	当該契約により返還を要しないこととなった日	
	ニ　貸付期間が終了しなければ返還しないことが確定しない部分の金額	貸付けが終了した日	

2 事業的規模で不動産賃貸を行っている場合等の収益計上時期の特例

上記1の表中の①の場合には，原則として，契約上の支払日の属する年分の総収入金額に算入することとなるが，下記の要件を満たす場合には，所得税法67条（小規模事業者の収入及び費用の帰属時期）の規定の適用を受ける場合を除き，その年の貸付期間に対応する賃貸料の額をその年分の総収入金額に算入することができる（昭和48年11月6日直所2-78）。

	貸付規模	要件（全て満たすことが必要）
(1)	事業的規模	① 不動産所得を生ずべき業務に係る取引について，その者が帳簿書類を備えて継続的に記帳し，その記帳に基づいて不動産所得の金額を計算していること
		② その者の不動産等の賃貸料（注）に係る収入金額の全部について，継続的にその年中の貸付期間に対応する部分の金額をその年分の総収入金額に算入する方法により所得金額を計算しており，かつ，帳簿上当該賃貸料に係る前受収益及び未収収益の経理が行われていること
		③ その者の1年を超える期間に係る賃貸料収入については，その前受収益又は未収収益についての明細書を確定申告書に添付していること
(2)	事業的規模以外	① 上記(1)の①に該当している場合
		② その者の1年以内の期間に係る不動産等の賃貸料の収入金額の全部について，上記(1)②に該当する場合（所得税法67条の規定の適用を受ける場合を除く。）

（注）「不動産等の賃貸料」には，不動産等の貸付けに伴い一時に受ける頭金，権利金，名義書換料，更新料，礼金等は含まれない。

3 事業的規模

事業的規模は，次に掲げる事実のいずれか一に該当する場合又は賃貸料の収入の状況，貸付資産の管理の状況等からみてこれらの場合に準ずる事情があると認められる場合には，特に反証がない限り，事業的規模とされる（所基通26-9）。

(1) 貸間，アパート等については，貸与することができる独立した室数がおおむね10以上であること。

(2) 独立家屋の貸付けについては，おおむね5棟以上であること。

なお，土地の貸付けが事業的規模で行われているかどうかの判定において，その判定困難な場合は，①貸室1室及び貸地1件当たりのそれぞれの平均的賃貸料比，②貸室1室及び貸地1件当たりの維持・管理及び債権管理に要する役務提供の程度等を考慮し，地域の実情及び個々の実態等に応じ，1室の貸付けに相当する土地の貸付件数を，「おおむね5」として判定できるとされている。

4　修繕費と資本的支出の区分判断

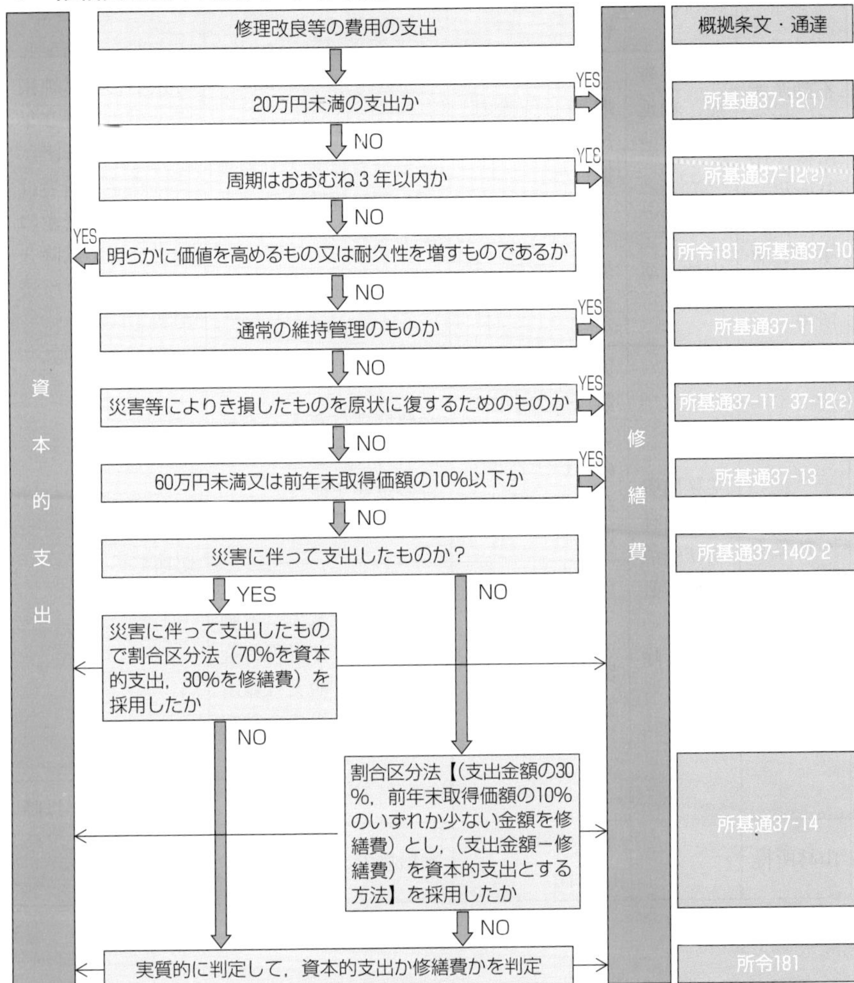

5　資産損失

(1)　概　要

不動産所得，事業所得，山林所得および雑所得の区分ごとに，その事業または業務の用に供している資産について，下記の表の損失発生事由に記載する損失が生じた場合には，各所得の所得計算において，必要経費に算入または雑損控除を行うことができる。また，翌年以降の所得計算は次の表のとおりとなる。

なお，令和５年４月１日以後に発生する特定非常災害に伴って損失が発生した場合の翌年以降の所得計算については，一定の純損失及び雑損失の繰越期間が５年となる。➡p.96

<table>
<tr><th>所得の区分</th><th>資産の種類</th><th>損失発生事由</th><th colspan="2">所得計算</th><th>翌年以降の所得計算</th></tr>
<tr><td>不動産所得，事業所得，山林所得</td><td>固定資産，繰延資産（所法51①，所令140）</td><td>取壊し，除却，滅失等（譲渡関連以外）</td><td rowspan="2" colspan="2">必要経費に算入（簿価減少額－保険金等による補てん金）</td><td rowspan="2">青色申告者は純損失を翌年以降3年間繰越し（所法70①），白色申告者は被災事業用資産の損失を翌年以降3年間繰越し（所法70②③）</td></tr>
<tr><td>事業所得，山林所得</td><td>山林（所法51③）</td><td>災害，盗難，横領</td></tr>
<tr><td rowspan="3">不動産所得，雑所得</td><td rowspan="4">業務用資産（山林及び生活に通常必要でない資産を除く）（所法51④，72）</td><td>災害，盗難，横領以外の事由により資産そのものついて発生した損失（譲渡関連以外）</td><td colspan="2">必要経費に算入（不動産所得の金額又は雑所得の金額を限度）</td><td rowspan="2">切捨て</td></tr>
<tr><td rowspan="2">災害，盗難，横領</td><td rowspan="2">有利選択できる（注）</td><td>必要経費に算入（不動産所得の金額又は雑所得の金額を限度）</td></tr>
<tr><td>雑損控除</td><td rowspan="2">雑損失を翌年以降3年間繰越し（所法71①）</td></tr>
<tr><td>山林所得</td><td>上記すべての事由（注）</td><td colspan="2">雑損控除のみ</td></tr>
</table>

（注） 所基通72-1

⑵ 資産損失額の計算

① 損失の金額（所令142，143，所基通51-2）

昭和28年1月1日以後に取得した資産については以下の算式により差引計算した金額となる。

固定資産	（取得価額＋設備費，改良費）－償却費の額の累計額	－	損失発生直後の資産の価額＋発生資材の価額
山林	（植林費＋取得に要した費用＋管理費その他の育成費用）	－	損失発生直後の資産の価額＋発生資材の価額
繰延資産	（取得費）－償却費の額の累計額	－	損失発生直後の資産の価額＋発生資材の価額

② 保険金，損害賠償金等がある場合（所法51）

①の金額から控除する。

③ 損壊した資産の取壊し費用，除去費用（所基通51-２）

資産損失の金額は，資産そのものに生じた損失の金額に限られるため，これらの費用は資産損失の金額には含まれず，所得税法37条の規定により必要経費に算入される。

6 相続開始日から遺産分割確定日までに生じた不動産所得の収入金額の帰属

賃貸不動産の所有者に相続が開始し，遺言による指定分割が成立していない場合には，相続人が複数いる場合の相続開始日から遺産分割確定日までに生じた不動産所得の収入金額の帰属を判断するには以下の整理が必要となる。

⑴ 共同相続の効力（民898）

相続人が数人あるときは，相続財産は，その共有に属する。

⑵ 遺産分割の効力（民909）

遺産分割の効力は，相続開始の時にさかのぼってその効力を生ずる。ただし，第三者の権利を害することはできない。この第三者には課税庁も含まれる。

⑶ 最高裁判決（平成17年９月８日判決）

① 事実関係の概要

イ 甲が死亡し，法定相続人は妻Ｙ，子３名

ロ 大阪高等裁判所は，遺産分割及び寄与分を定める処分審判に対する抗告事件において，本件各不動産につき遺産分割をする旨の決定（「以下「本件遺産分割決定」という。）をし，翌日，本件遺産分割決定が確定した。

ハ その後，本件各不動産から生じる賃料債権の帰属について争いとなった。

ニ 原審（大阪高等裁判所）は，「遺産から生ずる法定果実は，それ自体は遺産ではないが，遺産の所有権が帰属する者にその果実を取得する権利も帰属するのであるから，遺産分割の効力が相続開始の時にさかのぼる以上，遺産分割によって特定の財産を取得した者は，相続開始後に当該財産から生ずる法定果実を取得することができる。そうすると，本件各不動産から生じた賃料債権は，相続開始の時にさかのぼって，本件遺産分割決定により本件各不動産を取得した各相続人にそれぞれ帰属するものとして，本件口座の残金を分配すべきである。」として，民法909条を前提に判断を行った。

② 最高裁判所の判断

「遺産は，相続人が数人あるときは，相続開始から遺産分割までの間，共同相続人の共有に属するものであるから，この間に遺産である賃貸不動産を使用管理した結果生ずる金銭債権たる賃料債権は，遺産とは別個の財産というべきであって，各共同相続人がその相続分に応じて分割単独債権として確定的に取得するものと解するのが相当である。遺産分割は，相続開始の時にさかのぼってその効力を生ずるものであるが，各共同相続人がその相続分に応じて分割単独債権として確定的に取得した上記賃料債権の帰属は，後にされた遺産分割の影響を受けないものというべきである。

したがって，相続開始から本件遺産分割決定が確定するまでの間に本件各不動産か

ら生じた賃料債権は，被上告人及び上告人らがその相続分に応じて分割単独債権として取得したものであり，本件口座の残金は，これを前提として清算されるべきである。」とした。

(4) 取扱い

上記(3)の最高裁判決は，遺言書がなく，遺産分割に争いがあり，判決により遺産分割確定日を定めた場合の事例ではあるが，相続開始日から遺産分割確定日までの賃料等は，各共同相続人の相続分に応じて各相続人に帰属することとなる。

7 国外中古建物の不動産所得に係る損益通算等の特例

(1) 概 要（措法41の４の３①）

個人が，令和３年以後の各年において，国外中古建物から生ずる不動産所得を有する場合において，その年分の不動産所得の金額の計算上国外不動産所得の損失の金額があるときは，その国外不動産所得の損失の金額のうち国外中古建物の償却費の額に相当する部分の金額は生じなかったものとみなす。

(2) 国外中古建物（措法41の４の３②一）

以下のいずれの要件も満たす建物をいう。

① 国外にある中古建物であること

② 個人が取得してこれをその個人の不動産所得を生ずべき業務の用に供したもの

③ 不動産所得の金額の計算上その建物の償却費として必要経費に算入する金額の計算する際の耐用年数を次の方法により算定しているもの

A 法定耐用年数の全部を経過した資産についてその法定耐用年数の20％に相当する年数を耐用年数とする方法

B 法定耐用年数の一部を経過した資産についてその資産の法定耐用年数から経過年数を控除した年数に，経過年数の20％に相当する年数を加算した年数を耐用年数とする方法

C その用に供した時以後の使用可能年数の年数を耐用年数とする方法（その耐用年数を国外中古建物の所在地国の法令における耐用年数としている旨を明らかにする書類その他のその使用可能期間の年数が適切であることを証する一定の書類の添付がある場合を除く。）

(3) 国外不動産所得の損失の金額（措法41の４の３②二）

不動産所得の金額の計算上生じた国外中古建物の貸付けによる損失の金額（ただし，国外中古建物以外の国外にある不動産等から生ずる不動産所得の金額がある場合には，その損失の金額を当該国外にある不動産等から生ずる不動産所得の金額の計算上控除してもなお控除しきれない金額）のうち，当該国外中古建物の償却費の額に相当する金額として政令で定める方法により計算した金額をいう。

(4) 譲渡所得の金額の計算（措法41の４の３③）

上記(1)の適用を受けた国外中古建物を譲渡した場合における譲渡所得の金額の計算上，その取得費から控除するとされる償却費の額の累計額からは，上記(1)によりな

かったものとみなされた償却費に相当する部分の金額は除いて計算する。

4　事業所得

1　請負工事に係る収入及び費用の帰属時期

(1)　工事の請負の範囲（所法66①，所基通66-１）

工事，製造，ソフトウエアの開発等をいう。

この工事の請負には，設計・監理等の役務の提供のみの請負は含まれないが，工事の請負と一体として請負ったと認められる場合には含まれる。

(2)　工事進行基準，工事完成基準の適用ルール（所法66①②）

請負工事の区分	基準	適用ルール
長期大規模工事	工事進行基準	強制適用
その他の請負工事	工事進行基準	選択適用
その他の請負工事	工事完成基準	選択適用

(3)　長期大規模工事（所法66①，所令192①②）

以下の要件を満たした請負工事をいう。

①	着手の日から契約において定められている目的物の引渡しの期日までの期間が１年以上であること
②	請負の対価の額が10億円以上の工事
③	当該工事に係る契約において，その請負の対価の額の１/２以上が当該工事の目的物の引渡し期日から１年以上を経過する日後に支払われることが定められていないもの

（注１）　長期大規模工事に該当するかどうかの判定単位

原則として，当該工事に係る契約ごとに判定するが，当該契約に至った事情等からみて複数の契約の全体で一の工事を請け負ったと認められる場合には契約全体で一の契約として判定を行う（所基通66-４）。

（注２）　上記③の「支払われること」には，契約において定められている支払期日に手形により支払われる場合も含まれる（所基通66-３）。

(4)　工事進行基準の方法（所令192③）

工事の請負の対価の額及びその工事原価の額（その年12月31日の現況によりその工事につき見積もられる工事原価の額をいう。）にその年12月31日におけるその工事に係る進行割合（工事の進行の度合を示すものとして合理的と認められるもの。）を乗じて計算した金額から，それぞれその前年以前の各年分の収入金額とされた金額及び費用の額とされた金額を控除した金額をその年分の収入金額及び費用の額とする方法をいう。

(5) 対価の額が確定していない場合等の取扱い（所令192④⑨）

請負をした工事（追加工事を含む。）の請負の対価の額がその年12月31日において確定していないときは，同日の現況により当該工事につき見積もられる工事の原価の額をその請負の対価とみなす。

(6) 工事損失が見込まれる場合の工事進行基準の適用

その年の12月31日の現況において見込まれる工事損失の額（その時の現況により見積もられる工事の原価の額が，その請負の対価を超える場合における当該超える部分の金額をいう。）のうち当該工事に関して既に計上した損益の額を差し引いた額（「工事損失引当金相当額」という。）を当該年分に係る工事原価の額として計上している場合であっても，工事進行基準の方法により経理しているとみなす。

ただし，当該工事損失引当金相当額は，当該年分の必要経費には含まれない（所基通66-9）。

2 減価償却方法

資産の種類及び取得時期に応じて下記のとおりとなる。なお，併記されている場合には，　　が法定償却方法となっている。また，資本的支出があった場合には，平成19年3月31日で取扱い方法が異なっている。

<table>
<tr><th>取得日</th><th>平成10年
3月31日以前</th><th>平成19年
3月31日以前</th><th>平成28年
3月31日以前</th><th>平成28年
4月1日以後</th></tr>
<tr><td rowspan="2">建物</td><td>旧定額法</td><td rowspan="2">旧定額法</td><td rowspan="2" colspan="2">定額法</td></tr>
<tr><td>旧定率法</td></tr>
<tr><td rowspan="2">建物附属設備</td><td colspan="2">旧定額法</td><td>定額法</td><td rowspan="2">定額法</td></tr>
<tr><td colspan="2">旧定率法</td><td>定率法</td></tr>
<tr><td rowspan="2">構築物</td><td colspan="2">旧定額法</td><td>定額法</td><td rowspan="2">定額法</td></tr>
<tr><td colspan="2">旧定率法</td><td>定率法</td></tr>
<tr><td rowspan="2">工具器具備品</td><td colspan="2">旧定額法</td><td colspan="2">定額法</td></tr>
<tr><td colspan="2">旧定率法</td><td colspan="2">定率法</td></tr>
<tr><td>資本的支出</td><td colspan="2">右の方法と本体資産に加算する方法のいずれかを選択できる</td><td colspan="2">本体資産と種類及び耐用年数を同じくする資産の新たな取得とする</td></tr>
</table>

（注1） 償却方法が併記されている場合は，上段が法定償却方法で，下段が届出により選択できる償却方法である。

（注2） 上記の取得には，購入，自己建設の他，相続，遺贈又は贈与によるものが含まれる（所基通49-1）。

（注3） 平成19年4月1日以後に取得した定率法を採用している減価償却資産（平成24年3月31日以前に取得されたものを除く。）に資本的支出を行った場合には，資本的支出を行った翌年1月1日において，資本的支出を行った減価償却資産の期首未償却残高と資本的支出により新たな取得とされた減価償却資産の期首

未償却残高の合計額を取得価額とする一の減価償却資産を新たに取得したものとすることができる（所令127④）。

3　少額の減価償却資産等の必要経費算入の制限

⑴　制限される資産の範囲

令和５年分以後から，以下の資産のうち，貸付け（主要な業務として行われるものを除く。）の用に供されたものについては，取得価額相当額を必要経費に算入しない。

①　取得価額が10万円未満の少額の減価償却資産（所令138①）

②　一括償却資産（所令139①）

③　中小事業者の少額減価償却資産（令和８年３月31日までに取得）（措法28の２）

⑵　主要な業務として行う貸付けの判定（所規34の２，34の３，措規９の９）

次に掲げる貸付けは，主要な業務として行われる貸付けに該当する。

①　当該居住者に対して資産の譲渡又は役務の提供を行う者の当該資産の譲渡又は役務の提供の業務の用に専ら供する資産の貸付け

②　継続的に当該居住者の経営資源（注）を活用して行い，又は行う予定の業務としての貸付け

（注）　経営資源とは，業務の用に供される設備（その貸付けの用に供される資産は除外），業務に関する居住者又は従業者の有する技能又は知識等（租税に関するものは除外））をいう。

③　ただし，以下のいずれも満たす契約が締結されているには，①と②であっても主要な業務としての貸付けには該当しないものとする。

A　貸付け後に譲渡人（当該居住者に対して当該資産を譲渡した者）その他の者が当該資産を買い取り，又は当該資産を第三者に買い取らせることをあっせんする旨の契約が締結されていること

B　以下の算式で計算される買取割合がおおむね90％を超えること

買取割合＝(貸付けの対価＋当該資産の買取りの対価の額)/当該資産の取得価額

4　リース取引

⑴　リース取引区分ごとの計算方法（所法67の２，所令120の２①六，②五，六）

平成20年４月１日以後のリース契約については，以下の区分により計算を行う。

区分			必要経費の計算方法
資産の賃貸借取引	①　税務上のリース取引（ファイナンスリース）	所有権移転リース	選定している償却方法（定額法，定率法等）
			金融取引（金銭貸付）(注２)
		所有権移転外リース	リース期間定額法（注１）
			金融取引（金銭貸付）(注２)
	②　①に該当しない賃貸借取引（オペレーティングリース）		賃貸借取引

（注１） リース期間定額法：((リース資産の取得価額－残価保証額(＊))/リース期間の月数)×その年のリース期間の月数
(＊)残価保証額：リース期間終了の時にリース資産の処分価額が所有権移転外リース取引に係る契約において定められている保証額に満たない場合にその満たない部分の金額を賃借人が支払うこととされている場合におけるその保証額をいう。

（注２） 下記の①②の条件による取引（「セール・アンド・リースバック取引」と呼ばれる）が行われた場合には，売買取引ではなく，金融取引があったとされる。
① 譲受人から譲渡人に対する賃貸を条件に資産の売買を行ったこと
② 資産の種類及び賃貸に至るまでの事情その他の状況に照らし，これら一連の取引が実質的に金銭の貸借であると認められること
ただし，下記③④のような場合には，金融取引には該当せず，売買取引とされる（所基通67の２－４）。
③ 多種類の資産を導入する必要があり，譲渡人においてその資産を購入した方が事務の効率化が図れること等の合理的な理由があり，譲渡人がその資産について立替金，仮払金等として経理し，譲渡人の購入価額により譲受人に譲渡している場合
④ 業務の用に供している資産について，その資産の管理事務の省力化等のために行われる場合

(2) 特別償却，税額控除等の取扱い（所令120の２①六，138，139，措法10の３⑥等）

	所有権移転リース	所有権移転外リース
特別償却	○	×
税額控除	○	○
少額減価償却（注１）	○	×
中小事業者の少額減価償却資産（注２）	○	○
一括償却資産	○	×

（注１） 少額減価償却資産：使用可能期間が１年未満又は取得価額が10万円未満のものをいう（所令138）。
（注２） 中小事業者の少額減価償却資産：取得価額30万円未満で合計年300万円までのものをいう（措法28の２）。

5 中古非業務用資産を業務用に転用した場合の減価償却計算

中古取得の非業務用資産を業務用に転用した場合には，以下の手順で計算する。

	内容	ポイント
(1)	非業務期間の「減価の額」を計算する	①旧定額法により計算する
		②耐用年数は1.5倍する（注１）
		③経過年数は，６か月以上の端数は１年とし，６か月未満の端数は切捨て
(2)	業務期間開始後の減価償却費を計算する	①原始取得日で償却方法を判定
		②中古資産の耐用年数で計算（注２）
(3)	資本的支出がある場合は，上記**2**の図表に応じて計算する	平成28年４月１日以後の資本的支出は新たな取得とみなして償却方法を判定

（注１） 新品の法定耐用年数とし，１年未満の端数は切り捨てる。
（注２） 中古資産の見積耐用年数とすることができる。

① 法定耐用年数の一部を経過した資産
（法定耐用年数－経過年数）×経過年数×20/100

② 法定耐用年数の全部を経過した資産
法定耐用年数×20/100

・１年未満の端数は切り捨てた年数とし，その計算した年数が２年未満の場合は２年。
・経過年数は新築等されてから業務用資産として取得した時までの期間。

6　相続により事業を承継した場合の取扱い

⑴　被相続人の準確定申告（所法125①）

年の中途で納税者が死亡した場合であって，その死亡した者が所得税の確定申告義務がある者である場合には，その相続人は，その相続の開始があったことを知った日の翌日から４か月を経過した日の前日までに，準確定申告を行う必要がある。

⑵　準確定申告での注意点

① 一括償却資産

一括償却資産の未償却残額は，被相続人の準確定申告において全額必要経費に算入される。ただし，事業を承継した場合には次の取扱いも認められる（所基通49-40の３）。

イ　被相続人の死亡した日の属する年分

被相続人の必要経費（ただし，所得税法施行令139条１項の金額を限度とする。次のロも同様である。）に算入する。

ロ　被相続人の死亡した日の属する年分の翌年以後の各年分

当該事業を承継した者の必要経費に算入する。

② 個人事業税のみなし控除

本来，事業税は，その年12月31日（年の中途で死亡又は出国した場合には，その死亡又は出国の時となる。）までに申告等により納付すべきことが具体的に確定した額が必要経費に算入される（所基通37-６）。

ただし，納税者が死亡等により当該事業を廃止した場合には，以下の金額を準確定申告において必要経費に算入することができる（所基通37－７）。

$$\frac{(a \pm b) \times r}{1+r}$$

ａ：事業税の課税見込額を控除する前の当該年分の当該事業に係る所得金額
ｂ：事業税の課税標準の計算上ａの金額に加算し又は減算する金額
ｒ：事業税の税率

③　従業員への退職金

相続人が相続により被相続人の事業を承継している場合には，雇用契約における使用者の地位も相続していると考えられることから，雇用契約は継続しており，従業員への退職の事実はなく必要経費とは認められない（昭和58年７月25日裁決，平成11年12月９日裁決）。

④　繰延消費税額等

被相続人が消費税の課税事業者で税抜経理方式を選択していた場合であって，死亡日において，必要経費に算入されない繰延消費税額等があった場合には，以下の取扱いとなる（所基通37-30の４）。

イ　事業承継者がいない場合（原則）

所得税法施行令182条の２第３項又は４項に規定する繰延消費税額等につき，これらの規定の適用を受けている居住者が死亡し，これらの規定に従い計算される繰延消費税額等の金額のうち，その死亡した日の翌日以後の期間に対応する金額がある場合には，当該金額は当該死亡した者のその死亡した日の属する年分の必要経費に算入する。

ロ　事業承継者がいる場合（選択適用）

当該死亡した者の業務を承継した者がある場合で，当該死亡した者のその死亡した日の属する年分の必要経費に，当該死亡した者の業務を行っていた期間に対応する繰延消費税額等の金額を算入し，かつ，当該業務を承継した者が，その業務を承継した日以後の業務を行っていた期間に対応する繰延消費税額等の金額を各年分の必要経費に算入している場合は，これを認める。

(3)　相続人側の申告計算

①　相続人が事業を承継した場合の青色申告承認申請書の提出期限（所基通144－１）

被相続人の死亡日	提出期限
１月１日～８月31日	死亡の日から４か月以内
９月１日～10月31日	その年の12月31日
11月１日～12月31日	翌年２月15日

②　減価償却資産の引継ぎ

減価償却資産を引き継ぎ，減価償却費を算定する場合には，「資産の取得日」の判定が重要となる。所得税法施行令120条１項及び令120条の２第１項（減価償却資産の償却の方法）に規定する「取得」には，購入，自己の建設の他，相続，遺贈又は贈与によるものが含まれる（所基通49－１）。

一方，所得税法施行令126条２項では，相続，遺贈又は贈与により取得した減価償却資産の取得価額は，その減価償却資産を取得したものが引き続き所有していたものとみなした場合における取得価額に相当する金額とすることとされている。

よって，減価償却方法についてのみ，相続により取得した日により再判定を行い，取得価額，耐用年数，経過年数及び未償却残高を引き継いで減価償却費の計算を行うため，中古資産の取得した場合の見積耐用年数を使用することはできない。

なお，その年を通して事業を行っていた場合の減価償却月数は，被相続人においては，その年１月１日からその相続開始日までの月数とし，相続人においては，相続開始日から，その年末月までの月数となり，合計13か月の償却月数となる。

以下の事例で確認する。

【事例】 小売業を営む父が平成17年に事業用建物を購入。平成29年に父の相続が開始し，長男が小売業を事業承継し，事業用建物を相続した。

項目	父	長男
減価償却方法	旧定額法	定額法
取得価額		引き継ぐ
耐用年数		引き継ぐ
未償却残額		引き継ぐ

③　相続登記費用等

業務の用に供される資産を相続により取得した場合のこれらの資産の所有権移転に係る登録免許税，その他の登記費用は，相続人の所得計算上，必要経費に算入される。遺贈，贈与による場合も同様である（所基通37－５）。なお，贈与の場合に課される不動産取得税も必要経費に算入される。

④　消費税の納税義務等の判定

相続人が相続により被相続人の事業を承継した場合の，相続人の消費税の納税義務等は次のとおりとなる（消法10，消基通１－４－12，１－５－３，１－５－４，３－３－２，13－１－３の２）。

イ　相続のあった年分

(イ) 相続があった年の基準期間における被相続人の課税売上高が1,000万円を超える場合は，相続があった年の基準期間における課税売上高が1,000万円以下又は事業を行っていない相続人も相続があった日の翌日からその年の12月31日までの間は，消費税の納税義務を負う。

(ロ) 相続があった年の基準期間における被相続人の課税売上高が1,000万円以下である場合は，相続があった年は，相続があった年の基準期間における課税売上高が1,000万円以下である相続人も消費税の納税義務が免除される。ただし，相続人が課税事業者を選択した場合には納税義務は免除されない。

ロ　相続のあった年の翌年又は翌々年

(イ) 相続があった年の翌年又は翌々年の基準期間における被相続人の課税売上高と相続人の課税売上高との合計額が1,000万円を超える場合は，相続があった年の翌年又は翌々年も相続人は引き続き消費税の納税義務を負う。

(ロ) 相続があった年の翌年又は翌々年の基準期間における被相続人の課税売上高と相続人の課税売上高との合計額が1,000万円以下である場合は，相続があった年の翌年又は翌々年の納税義務が免除される。ただし，相続人が課税事業者を選択している場合には納税義務は免除されない。

ハ 消費税の届出関係

被相続人が提出した課税事業者選択届出書，課税期間特例選択等届出書又は簡易課税選択届出書の効力は，相続により被相続人の事業を承継した相続人には及ばないため，過去に自ら事業を行っていない相続人がこれらの規定の適用を受けようとする場合には，相続があった年の12月31日までに，改めて，これらの届出書の提出が必要となる。

7 法人成りした場合の取扱い

(1) 個人事業主の総収入金額

棚卸資産（商品，製品，仕掛品等）を有する個人事業主が法人成りする場合には，棚卸資産を設立法人へ譲渡又は現物出資することとなり，低額譲渡とみなされないためには，少なくとも以下の金額で個人事業主の総収入金額に算入する必要がある（所法40①二，所基通39-1，40-2）。

少なくとも総収入金額に算入すべき金額＝通常の販売価額×70%

＊よって，簿価80，売価150の商品の場合には，105（150×0.7）を総収入金額に算入する必要がある。

(2) 個人事業主の売上原価

期末棚卸資産は，上記(1)で全額を法人へ売却したこととなるため，売上原価は，期首棚卸資産と当期仕入額の合計金額となる。

(3) 個人事業主の一括償却資産の取扱い

相続により個人間で事業承継を行った場合には，事業承継者に一括償却資産の償却計算を引き継ぐことも認められているが，法人成りの場合には，所得税法63条（事業を廃止した場合の必要経費の特例）により，全額を個人事業主側で必要経費に算入することとなる（所基通49-40の3）。

(4) 従業員への退職金

法人成りの場合には，使用者の地位が引き継がれる相続による事業承継の場合と異なり，従業員は法人に新たに雇用されることとなる。したがって，個人事業主に雇用されていた期間に対する従業員退職金は，個人事業主側での必要経費となるのが原則である。

ただし，個人事業当時から引き続き在職する使用人の退職により退職給与を支給する場合であって，その退職が設立後相当期間経過後に行われたものであるときは，その支給した退職給与の額を損金に算入するとしている（法基通9-2-39）。

また，法人において，個人事業当時からの勤続年数を通算して退職所得控除を計算するためには，個人事業当時の勤続期間を含めて退職金の額を計算することを退職給与規程等において規定していることが要件となっている。

ただし，個人事業当時に，青色事業専従者であった者については，個人事業において，もともと退職金が必要経費とされないため，個人事業当時の勤続期間を通算することは認められない（所令69①，所基通30-10，国税庁質疑応答事例「個人事業当時の期間を通算して退職給与を支給する場合の勤続年数」）。

⑸ 事業税のみなし控除

➡ p.27 6⑵②により計算した金額を法人成りした年の必要経費に算入することができる。

⑹ 繰延消費税額等

消費税の課税事業者で税抜経理方式を選択していた個人事業者が法人成りした場合で，法人成りした時点で必要経費に算入されない繰延消費税額等は，国税庁の質疑応答事例等を基に以下の取扱いになると解される（国税庁質疑応答事例「事業を廃業した場合の繰延消費税等の処理」）。

① 所得税法施行令182条の２《資産に係る控除対象外消費税額等の必要経費算入》の規定は，非課税売上に対応する仮払消費税について必要経費算入の必要性を認めた上で，その仮払消費税につき，事業所得等の必要経費に算入すべき範囲及び時期を定めているものと解される。

② 事業者が死亡した場合には，原則として死亡した日の翌日以後の期間に対応する繰延消費税額等の金額を事業者の死亡した日の属する年分の必要経費に算入することとされ，上記6⑵④でみたように，事業承継者がいる場合に限って，当該繰延消費税額等を事業承継者に引き継ぐことを認めている（所基通37-30の４）。

③ この取扱いからすると，法人成りの場合には，繰延消費税額等の金額を法人成りによって，個人事業を廃止した日の属する年分の必要経費に算入しなければ，その後の必要経費算入の機会が失われることから，事業を廃止した日以後の期間に対応する繰延消費税額等の金額は，事業を廃止した日の属する年分の必要経費に算入することとなると解される。

8 特別償却又は所得税の税額控除

⑴ 中小事業者が機械等を取得した場合の特別償却・税額控除

① 適用対象者（措法10の３①，10⑧六，措令５の３⑩）

青色申告者である中小事業者（常時使用する従業員数が1,000人以下の者。以下同じ。）

② 取得期間

平成10年６月１日から令和７年３月31日

③ 対象資産及び基準取得価額

	対象資産		基準取得価額
イ	特定機械装置等（製作の後事業の用に供されたことのないものの取得又は製作）	機械及び装置で1台又は1基の取得価額が160万円以上のもの（注）	取得価額
ロ		1台又は1基の取得価額が120万円以上（1台又は1基の取得価額が30万円以上のものの取得価額の合計額が120万円である場合を含む。）の測定工具及び検査工具	
ハ		ソフトウエアで一の取得価額が70万円以上（取得価額の合計額が70万円以上である場合の当該ソフトウエアを含む。）	
ニ		普通自動車で貨物の運送の用に供されるもののうち車両総重量が3.5トン以下のもの	
ホ		内航海運業法2条2項に規定する内航海運業（総トン数500トン以上の内航船舶については，船舶の環境への負荷の状況等に係る届出が必要。）の用に供される船舶	取得価額×75%

（注） 令和5年4月1日以後に取得又は製作するものから，コインランドリー業（主要な事業であるものを除く。）で，その管理の概ね全部を他の者に委託するものを除く。

④ 合計償却限度額（措法10の3①⑥）

当該事業者が上記③の資産（所有権移転外リース取引により取得したものを除く）を取得し，又は製作して，これを国内にある当該事業者が営む製造業，建設業等の「指定事業の用」に供した場合には，その事業の用に供した年の年分における事業所得の金額の計算上，償却費として必要経費に算入する金額は以下のとおりとする。

通常の償却費＋特別償却費（基準取得価額×30%）＝合計償却限度額

⑤ 償却不足額の繰越し（措法10の3②）

償却費として必要経費に算入した金額が，上記④の合計償却限度額に満たない場合には，翌年に繰り越して必要経費に算入することができる。

⑥ 税額控除（措法10の3③④）

上記④の適用を受けなかった場合には，下記の税額控除の適用を受けることができる。また，その年に控除しきれなかった控除限度超過額については，1年間の繰越しが認められる（所有権移転外リース取引により取得したものも対象）。

税額控除限度額＝基準取得価額×7%

（ただし，その年の「調整前事業所得税額」の20%を限度とする。）

税額控除限度額＝取得価額×7%

（ただし，その年の「調整前事業所得税額」の20%を限度とする。）

(2) 特定中小事業者が特定経営力向上設備等を取得した場合の特別償却・税額控除

① 適用対象者（措法10の５の３①）

特定中小事業者。特定中小事業者とは，青色申告者である中小事業者で，中小企業等経営強化法の認定を受けた中小企業者等をいう。

② 取得期間（措法10の５の３①）

平成29年４月１日から令和７年３月31日

③ 対象資産（措令５の６の３）

	対象資産	
イ	特定経営力向上設備等（製作の後事業の用に供されたことのないものの取得又は製作）（注１）（注２）	機械及び装置で１台又は１基の取得価額が160万円以上のもの
ロ		工具，器具及び備品で１台又は１基の取得価額が30万円以上のもの
ハ		建物附属設備で一の建物附属設備の取得価額が60万円以上のもの
ニ		ソフトウエアで一の取得価額が70万円以上のもの

（注１） 経営力向上計画に記載されたものに限る。

（注２） 令和５年４月１日以後に，コインランドリー業又は暗号マイニング業（主要な事業であるものを除く。）で，その管理の概ね全部を他の者に委託するものを除く。

④ 合計償却限度額（措法10の５の３①⑥）

特定中小事業者が上記③の資産（所有権移転外リース取引により取得したものを除く）を取得し，又は製作若しくは建設して，これを国内にある当該特定中小事業者が営む「指定事業の用」に供した場合には，その事業の用に供した年の年分における事業所得の金額の計算上，償却費として必要経費に算入する金額は以下のとおりとする。

普通償却費＋特別償却費(取得価額－普通償却額)＝合計償却限度額

⑤ 償却不足額の繰越し（措法10の５の３②）

償却費として必要経費に算入した金額が，上記④の合計償却限度額に満たない場合には，翌年に繰り越して必要経費に算入することができる。

⑥ 税額控除（措法10の５の３③④）

上記④の適用を受けなかった場合には，下記の税額控除の適用を受けることができる。また，その年に控除しきれなかった控除限度超過額については，１年間の繰越しが認められる（所有権移転外リース取引により取得したものも対象）。

税額控除限度額＝取得価額×10%

（ただし，その年の「調整前事業所得税額」の20%を限度とする。）

9　中小企業等経営強化法による固定資産税の軽減特例

(1)　概　要（地法附則15㊹）

中小事業者である個人が，適用期間内に，認定経営革新等支援機関の事前確認を受けた上で，市区町村から認定を受けた「先端設備等導入計画」に基づき，適用期間内に一定の設備（先端設備等）を新規取得した場合には，新規取得設備に係る固定資産税（償却資産税）の課税標準を取得した年から３年間，２分の１に軽減する。

また，従業員に対する賃上げ方針の表明を計画内に記載した場合には，令和６年３月末日までに取得した先端設備等は５年間，令和７年３月末日までに取得した先端設備等は４年間にわたって，固定資産税の課税標準を３分の１に軽減する。

(2)　適用対象者

租税特別措置法10条８項６号に規定する中小事業者である個人事業主である。具体的には，常時使用する従業員の数が1,000人以下の個人事業者をいう。

(3)　適用期間

令和５年４月１日から令和７年３月31日

(4)　先端設備等

次の要件を満たしているもの。

①　生産，販売活動等の用に直接供されるものであること
②　年平均の投資利益率が５％以上の投資計画に記載されたもの
③　中古資産でない以下の設備

	設備の種類	用途又は細目	最低価額（１台，１基又は一の取得価額）
イ	機械設備	全て	160万円以上
ロ	工具	測定工具及び検査工具	30万円以上
ハ	器具備品	全て	30万円以上
ニ	建物附属設備(注１)	全て	60万円以上

（注１）　償却資産として課税されるもの
（注２）　上記表は，対象となり得る対象設備リストとなるので，市区町村が策定する「導入促進計画」によっては，対象が異なる場合がある。

④　リース取引

法人税法64条の２第３項に規定する「リース取引」に係る契約により特例対象資産を引き渡して使用させる事業を行う者が適用期間内に取得した先端設備等に該当する特例対象資産を，適用期間内にリース取引により引渡しを受けた場合における当該特例対象資産も対象となる。

10　社会保険診療報酬の所得計算の特例

医業又は歯科医業を営む個人で，その年の社会保険診療報酬が5,000万円以下であり，かつ，その年の医業又は歯科医業から生ずる事業所得の総収入金額が7,000万円以下である場合には，その年の事業所得の金額の計算上，その社会保険診療報酬に係る経費として必要経費に算入できる金額を以下の速算表を使って計算することが認められている（措法26①）。

社会保険診療報酬	概算経費率の速算表
2,500万円以下の金額	社会保険診療報酬×72％
2,500万円超～3,000万円以下の金額	社会保険診療報酬×70％＋50万円
3,000万円超～4,000万円以下の金額	社会保険診療報酬×62％＋290万円
4,000万円超～5,000万円以下の金額	社会保険診療報酬×57％＋490万円

(1)　社会保険診療報酬

社会保険診療報酬支払基金等から支払われる金額と患者の窓口負担金の合計額とする。

＊窓口負担金を患者から回収できないケースがあっても，本来受領すべき金額をもって社会保険診療報酬とする（平成４年３月９日裁決）。

(2)　社会保険診療報酬と自由診療報酬がある場合

以下の方法により，必要経費を按分して計算する。

①　必要経費を社会保険診療と自由診療の両方に共通する経費と，それぞれに明確に区分できる経費に分ける。

【明確に区分できる経費の例示】

・事業税（自由診療分）
・第三者に委託したレセプト請求費用（社会保険診療分）
・未収金を個別管理している場合の貸倒損失

②　共通経費を按分計算するために，自由診療割合を診察実日数や収入金額の割合で計算する。なお，収入金額で計算する場合には調整率を乗じる。

$$自由診療割合＝\frac{自由診療収入}{総診療収入}×100×調整率$$

【調整率】＊小数点以下３位まで算出し，第３位を四捨五入する。

区分	調整率
眼科，外科，整形外科	80％
産婦人科，歯科	75％
上記以外（美容整形を除く。）	85％

③　社会保険診療報酬に係る必要経費については，概算経費率によって求めた金額から上記①及び②によって算定された実額経費を控除した金額を「措置法差額」とし，青色申告決算書の余白にその旨を記載した上で，当該金額を控除して所得金額を計算する。

⑶ 確定申告書への記載事項

この特例は，確定申告書に，租税特別措置法26条１項の規定により事業所得を計算した旨の記載がない場合には適用されない（昭和62年11月24日裁決）。

11 棚卸資産等の自家消費等の取扱い

⑴ 総収入金額への算入（所法39，40）

居住者がたな卸資産（これに準ずる資産を含む。）を家事のために消費（以下，「自家消費」という。）した場合や贈与，遺贈若しくは著しく低い価額の対価による譲渡をした場合には，以下の区分に応じ，以下の金額をその消費，贈与，遺贈若しくは譲渡した日の属する年分の事業所得の金額，山林所得の金額又は雑所得の金額の計算上，総収入金額に算入する。

① 自家消費
その消費をした時におけるこれらの資産の価額に相当する金額

② 贈与（相続人に対する贈与で被相続人である贈与者の死亡により効力を生ずるものを除く。）
当該贈与の時におけるこれらの資産の価額に相当する金額

③ 遺贈（包括遺贈及び相続人に対する特定遺贈を除く。）
当該遺贈の時におけるこれらの資産の価額に相当する金額

④ 著しく低い価額の対価による譲渡
当該対価の額と当該譲渡の時におけるこれらの資産の価額に相当する金額との差額のうち実質的に贈与をしたと認められる金額

⑵ 家事消費又は贈与等をした棚卸資産等の価額（所基通39-１）

上記⑴の消費又は贈与，遺贈若しくは譲渡した時における資産の価額に相当する金額は，その消費等をした資産がその消費等をした者の販売用の資産であるときは，当該消費等の時におけるその者の通常他に販売する価額により，その他の資産であるときは，当該消費等における通常売買される価額による。

⑶ 事業所得者の特例（所基通39-２）

事業を営む者が，棚卸資産を家事消費又は贈与若しくは遺贈した場合に，当該棚卸資産の取得価額以上の金額をもってその備え付けている帳簿に所定の記載を行い，これを事業所得の金額の計算上総収入金額に算入しているときは，当該算入している金額が⑵に定める金額に比し著しく低額（おおむね70%）でない限り，これを認める。つまり，取得価額と⑵×70%のいずれか高い金額を総収入金額に算入することができる。

⑷ 著しく低い価額の対価のよる譲渡（所基通40-２）

著しく低い価額の対価による譲渡とは，上記⑵に定める価額のおおむね70%に相当する価額に満たない対価による譲渡をいう。

ただし，商品の型崩れ，流行遅れなどによる値引販売，広告宣伝の一環，金融上の換金処分として行う場合には，著しく低い価額の対価による譲渡には該当しない。

⑸ 消費税の取扱い（消法４⑤，28③，消基通10－１－８）

個人事業者が自家消費を行った場合は，その資産を消費又は使用した時のその資産の価額，すなわち時価に相当する金額を課税標準として消費税が課税される。ただし，棚卸資産を自家消費した場合は，その棚卸資産の仕入価額以上の金額，かつ，通常他に販売する価額のおおむね50％に相当する金額以上の金額を対価の額として確定申告したときはその取扱いが認められる。

12　役員，社員への食事（まかない等）の支給の取扱い

⑴ 食事の評価と経済的利益の取扱い（所基通36-38）

使用者が役員又は使用人に対し支給する食事については以下の金額により食事の額を評価する。

① 使用者が調理して支給する食事
　その食事の材料等に要する直接費の額に相当する金額
② 使用者が購入して支給する食事
　その食事の購入価額に相当する金額

⑵ 食事の支給による経済的利益（所基通36-38の２）

使用者が役員又は使用人に対して支給した食事について，以下のいずれをも満たす場合には役員又は使用人が使用者から受ける経済的利益はないものとする。この判定は，消費税及び地方消費税の額を除いた金額により行う（課法９－１）。

① 役員又は使用人が上記⑴により評価した価額の50％以上を負担していること
② （⑴により評価した金額－役員又は使用人が負担した金額）≦3,500円（月額）

よって上記⑴により評価した金額が月額7,000円を超えるときは，役員又は使用人は⑴により評価した金額の50％超の負担が必要となる。

⑶ 残業者等への食事の支給（所基通36-24）

使用者が残業又は宿直若しくは日直をした者（その者の通常の勤務時間外における勤務としてこれらの勤務を行った者に限る。）に対し，これらの勤務をすることにより支給する食事は給与課税しない。

ただし，食事の現物支給に代えて金銭で食事代を支給した場合には給与所得として源泉徴収の対象となる。

⑷ 深夜勤務者に対する夜食代の金銭支給（昭59直所３－８）

深夜勤務者（労働協約又は就業規則等により定められた正規の勤務時間による勤務の一部又は全部を午後10時から翌日午前５時までの間において行う者をいう。）に対し，使用者が調理施設を有しないことなどにより深夜勤務に伴う夜食を現物で支給することが著しく困難であるため，その夜食の現物支給に代え通常の給与に加算して勤務１回ごとの定額で支給する金銭で，その１回の支給金額が300円以下のものについては，給与課税しなくて差し支えない。

13　家内労働者等の必要経費の特例

家内労働者等の事業所得又は雑所得の所得の金額の計算上認められる必要経費の特

例制度については，➡ p.83 を参照のこと。

14 青色申告特別控除

⑴ 青色申告特別控除（措法25の２①③）

以下の要件を満たす者に係る青色申告特別控除の控除額は55万円とする。この要件を満たさない場合は10万円とする。

① 不動産所得又は事業所得を生ずべき事業を営んでいること。

② これらの所得に係る取引を正規の簿記の原則により記帳していること。

③ ②の記帳に基づいて作成した貸借対照表及び損益計算書を確定申告書に添付し，この控除を受ける金額を記載して，法定申告期限内に提出すること。

⑵ 電子帳簿保存又は電子申告を行っている場合の青色申告特別控除（措法25の２④）

以下のいずれかの要件を満たしている場合には，上記⑴の55万円は65万円とすることができる。

① その年の帳簿書類について，電子計算機を使用して作成する国税関係帳簿書類の保存方法等の特例に関する法律の定めるところにより，「電磁的記録の備付け及び保存」又は「電磁的記録の備付け及び当該電磁的記録の電子計算機出力マイクロフィルムによる保存」を行っていること。

② その年分の所得税の確定申告者の提出期限までに，国税電子申告・納税システム（e-Tax）による所定の電子申告を行っていること。

5 給与所得

1 給与所得控除（所法28③）

給与等の収入	給与所得控除
55万円以下	収入金額
55万円超162.5万円以下	55万円
162.5万円超180万円以下	その収入金額×40%－10万円
180万円超360万円以下	その収入金額×30%＋８万円
360万円超660万円以下	その収入金額×20%＋44万円
660万円超850万円以下	その収入金額×10%＋110万円
850万円超	195万円

※ただし，収入金額が660万円未満の場合は，所得税法別表第五により給与所得控除額控除後の所得金額を求める。

2 所得金額調整控除

(1) 制度の趣旨

① 23歳未満の扶養親族を有する者及び特別障害者に対する配慮

令和２年より給与等の収入金額が850万円を超える場合の給与所得控除額が195万円とされたため，その年の給与等の収入金額が850万円を超える居住者で23歳未満の扶養親族を有する者及び特別障害者に対する配慮を行った。

② 給与所得と公的年金等の雑所得の両方を有する者に対する配慮

令和２年より給与所得控除額及び公的年金等控除額がそれぞれ10万円ずつ引き下げられ，基礎控除が10万円引き上げられた。その結果，給与所得と公的年金等の雑所得の両方を有する居住者の場合には，負担増となるケースが考えられることから，一定の配慮を行った。

(2) 23歳未満の扶養親族・特別障害者等を有する居住者の所得金額調整控除

① 計算方法（措法41の３の11①）

以下の金額を給与所得金額から控除する。

控除額＝(その年中の給与等の収入金額(注)－850万円)×10%

（注） 1,000万円を超える場合には，1,000万円

② 適用対象者（措法41の３の11①）

その年中の給与等の収入金額が850万円を超える居住者であって，下記に該当する場合	
イ	本人が特別障害者に該当する者
ロ	年齢23歳未満の扶養親族を有する者（16歳以上等の制約なし。）
ハ	特別障害者である同一生計配偶者又は扶養親族を有する者

(3) 給与所得と公的年金等の雑所得の両方がある居住者の所得金額調整控除

① 計算方法（措法41の３の11②）

以下の金額を給与所得金額（上記(2)の適用がある場合には(2)による控除をした残額）から控除する。

控除額＝（給与所得控除後の給与等の金額（10万円が限度額）＋公的年金等に係る雑所得の金額（10万円が限度額））－10万円

② 適用対象者（措法41の３の11②）

その年分の給与所得控除後の給与等の金額及び公的年金等に係る雑所得の金額がある居住者で，当該給与所得控除後の給与等の金額と当該公的年金等に係る雑所得の金額の合計額が10万円を超える者

(4) 給与所得金額の読み替え（措法41の３の11⑤，措令26の５①②）

この所得金額調整控除の適用を受ける場合には，所得税法22条（課税標準）等の規定の適用にあたって，「給与所得の金額」とあるのは，「給与所得の金額から所得金額調整控除の規定による控除をした残額」と読み替える。

3 特定支出控除の特例

その年中の特定支出の額の合計額が，その者の給与所得控除額の２分の１に相当する金額を超える場合には，その超える部分の金額を給与所得控除額に加算した金額を給与収入金額から控除して，給与所得を計算できる（所法57の２①）。

特定支出の範囲は以下のとおり。

	種類	内容の概要	対象外の例示
(1)	通勤費（注１）	① 交通機関の利用料（定期券相当額が限度） ② 自動車の燃料費，高速代，修理代で通勤に係る部分	・飛行機代，グリーン料金 ・自動車の減価償却費，自動車税
(2)	転居費	① 転勤辞令から１年以内のもの ② 転居のための交通費 ③ 自動車の燃料費，高速代 ④ 宿泊代 ⑤ 引越費用	・グリーン料金 ・飛行機代のファーストクラス等の付加料金 ・壁の塗り替え等のリフォーム費用
(3)	研修費（注２）	① 研修の受講費 ② 参加のための交通費	
(4)	資格取得費（注２）	職務の遂行に直接必要なものと使用者が認めるもの	平成24年以前の弁護士，公認会計士，税理士，医師，歯科医師等の資格取得費

(5)	帰宅旅費	転勤に伴い以下に該当した者の帰宅に必要な旅費 ① 生計一配偶者と別居している場合 ② 配偶者と死別，離婚等をして再婚していない者等が生計を一にする所得金額48万円以下の子，生計を一にする特別障害者である子と別居している場合	・グリーン料金 ・飛行機代のファーストクラス等の付加料金 ・帰宅に通常要する旅行のための自動車その他の交通用具の使用に係る燃料費及び有料の道路の料金は令和２年以後対象となる。
(6)	勤務必要経費（65万円限度）	① 書籍，新聞，雑誌（職務に関連するもの） ② 制服，事務服等の衣服で勤務場所で着用することが必要なもの ③ 交際費等で給与等の支払者の得意先，仕入先等に対する接待費等	・平成24年以前のもの ・電子版の記事等を閲覧するためのパソコン代等 ・職場の社員同士の親睦，労働組合費等
(7)	職務上の旅費	① 勤務する場所を離れて職務を遂行するために直接必要な旅費 ② その旅行に要する運賃及び料金，その旅行に要する自動車その他の交通用具の使用に係る燃料費及び有料の道路の料金，その交通用具の修理のための支出	・グリーン料金，航空機の客室の特別の設備の利用料金等 ・交通用具の修理のうち，資本的支出に該当する部分，その者の故意又は重大な過失により生じた事故に係るもの

（注１） 非課税通勤手当（月額15万円以内）で補塡される部分を除く。
（注２） 教育訓練給付金，母子家庭及び父子家庭自立支援教育訓練給付金が支給される部分を除く。

4　非居住者へ支払う給与

(1)　従業員へ支払う給与（所法161①十二イ，所基通16-１-41，212-５）

従業員が１年以上の予定で海外支店等に転勤した場合には，出国時に非居住者となるため当該社員に対して支給する給与については，原則として源泉徴収を要しない。

ただし，国内勤務等により国内源泉所得が生じる場合には，期間按分により国内勤務期間に係る部分については，20.42％の源泉徴収義務が生じ，当該部分は，源泉分離課税で課税関係が終了する。また，出国日が給与計算期間の途中である場合には，その計算期間が１月以下である場合には，その給与等の全額が国内勤務に対応するものを除き，その総額を国内源泉所得に該当しないとして差し支えない。

⑵ 役員へ支払う給与（所令285①一，所基通161-42）

内国法人の役員として１年以上の予定で海外に勤務する場合には，たとえ，非居住者に該当したとしても，その報酬は国内源泉所得として，20.42％の源泉徴収義務が生じ，源泉分離課税で課税関係が終了する。ただし，当該役員が，役員としての職務と併せて，その内国法人の海外支店長などとして常時使用人として海外において勤務を行う場合は除かれる。

6　退職所得

1　退職所得の金額

(1)　退職所得の金額（所法30②）

（退職手当等の収入金額－退職所得控除額）×$\frac{1}{2}$

(2)　退職所得控除額（所法30③，所令69，70）

勤続年数	一般退職手当等の場合	障害者となったことに直接基因して退職した場合
20年以下	勤続年数×40万円（最低80万円）	100万円を加算
20年超	800万円＋70万円×（勤続年数－20年）	

①　勤続年数は臨時職員としての期間も含む。

②　病気などで欠勤，休職していた期間も含む（所基通30－7）。

③　一時勤務をしていなかった期間がある場合には，その期間を除いて勤務期間を合算する（所令69①一イ）。

④　勤続年数を計算する場合に1年未満の端数があるときは，これを1年として計算する。ただし，他の者から前に支払を受けた退職手当等について計算した勤続期間及びその年の前年以内4年内（確定拠出年金の老齢給付金として支給される一時金の支払を受けた年分は前年以前14年内（令和4年4月1日以後支払を受けるべき一時金については前年以前19年））に退職手当等に係る勤続期間が，その年に受給した退職手当等の勤続期間と重複している場合で，その重複している部分の期間に1年未満の端数があるときは，その端数は切り捨てる（所令69②，70③）（具体例は，次の6(1)及び(2)を参照）。

2　一般退職手当等（所法30⑦）

退職手当等のうち，短期退職手当等及び特定役員退職手当等のいずれにも該当しないもの。

3　短期退職手当等

(1)　短期退職手当等（所法30④，所令69の2③）

4(1)に該当する特定役員等以外の者が，勤続年数5年以下である期間に受ける退職手当等をいう。ただし，勤続期間のうちに役員等勤続期間がある場合には，その役員等勤続期間を含めて，5年以下（1年未満の端数切上げ）の判定を行う。

(2)　退職所得の金額（所法30②）

以下の区分により計算した金額をいう。

退職所得控除額控除後の残額	退職所得の金額
300万円以下の場合	(退職手当等の収入金額－退職所得控除額)×$\frac{1}{2}$
300万円超の場合	150万円＋(退職手当等の収入金額－300万円－退職所得控除額)

(3) 適用時期

令和４年１月１日以後に支払うべき退職手当等について適用される。

4　特定役員退職手当等

(1) 特定役員退職手当等（所法30⑤，所令69の２②）

次に掲げる役員が，役員等勤続年数が５年以下（１年未満の端数切上げ）である期間に受ける退職手当等をいう。

① 法人税法２条15号に規定する役員（法人の取締役，監査役等の他，法人の経営に従事している一定の者）
② 国会議員及び地方公共団体の議会の議員
③ 国家公務員及び地方公務員

(2) 退職所得の金額（所法30②）

特定役員退職手当等の収入金額－退職所得控除額

＊一般退職手当等の場合と異なり，２分の１を乗じない。

5　複数の退職手当等がある場合の計算

一般退職手当等，短期退職手当等又は特定役員退職手当等のうち２以上の退職手当等がある場合の退職所得の金額の計算は下記のとおりとなる（所令71の２）。

(1) 一般退職手当等と短期退職手当等がある場合（所令71の２①②）

退職所得の金額は，次の①と②の合計額とする。

① 短期退職手当等

短期退職所得控除額控除後の残額(A)	退職所得の金額
300万円以下	短期退職所得控除額控除後の残額(A)×$\frac{1}{2}$
300万円超	150万円＋(短期退職手当等の収入金額－300万円－短期退職所得控除額－(B))

(A)「短期退職手当等の収入金額－短期退職所得控除額」を意味する。なお，一般退職手当等の収入金額が一般退職所得控除額（下記②(A)参照）に満たない場合には，当該残額からその満たない金額を控除する。

(B) 一般退職手当等の収入金額が一般退職所得控除額に満たない場合に計算され

るその満たない金額。

短期退職所得控除額	＝40万円×（短期勤続年数－重複勤続年数＊）＋20万円×重複勤続年数＊

＊重複勤続年数とは，短期勤続期間と一般勤続期間が重複している期間（1年未満の端数切上げ）をいう（所令71の2②）。

② 一般退職手当等

$$\left(\text{一般退職手当等の収入金額}-\text{一般退職所得控除額（A）}-\text{（B）}\right)\times\frac{1}{2}$$

（A） 一般退職所得控除額＝退職所得控除額－短期退職所得控除額

（B） 短期退職手当等の収入金額が短期退職所得控除額に満たない場合に計算されるその満たない金額。

⑵ 一般退職手当等と特定役員退職手当等がある場合（所令71の2③④）

① 特定役員退職手当等

特定役員退職手当等の収入金額－特定役員退職所得控除額（A）－（B）

（A） 40万円×（特定役員勤続年数－重複勤続年数）＋20万円×重複勤続年数＊

＊重複勤続年数とは，特定役員等勤続期間と一般勤続期間とが重複している期間（1年未満の端数切上げ）をいう。

（B） 一般退職手当等の収入金額が一般退職所得控除額に満たない場合に計算されるその満たない金額。

② 一般退職手当等

$$\left(\text{一般退職手当等の収入金額}-\text{一般退職所得控除額（A）}-\text{（B）}\right)\times\frac{1}{2}$$

（A） 一般退職所得控除額＝退職所得控除額－特定役員退職所得控除額

（B） 特定役員退職手当等の収入金額が特定役員退職所得控除額に満たない場合に計算されるその満たない金額。

⑶ 特定役員退職手当等と短期退職手当等がある場合（所令71の2⑤⑥）

退職所得の金額は，次の①と②の合計額とする。

① 特定役員退職手当等

特定役員退職手当等の収入金額－特定役員退職所得控除額（A）－（B）

（A） 40万円×（特定役員勤続年数－重複勤続年数）＋20万円×重複勤続年数＊

＊重複勤続年数とは，特定役員等勤続期間と短期勤続期間とが重複している期間（1年未満の端数切上げ）をいう。

（B） 短期退職手当等の収入金額が短期退職所得控除額に満たない場合に計算されるその満たない金額。

② 短期退職手当等

短期退職所得控除額控除後の残額(A)	退職所得の金額
300万円以下	短期退職所得控除後の残額×$\frac{1}{2}$
300万円超	150万円＋(短期退職手当等の収入金額－300万円－短期退職所得控除額－(B))

(A) 「短期退職手当等の収入金額－短期退職所得控除額」を意味する。なお，特定役員退職手当等の収入金額が特定役員退職所得控除額に満たない場合には，当該残額からその満たない金額を控除する。

(B) 特定役員退職手当等の収入金額が特定退職所得控除額に満たない場合に計算されるその満たない金額。

短期退職所得控除額＝40万円×(短期勤続年数－重複勤続年数*)＋20万円×重複勤続年数*

*重複勤続年数とは，短期勤続期間とが一般勤続期間が重複している期間（1年未満の端数切上げ）をいう（所令71の2②）。

6 ケース別の計算

(1) 子会社への転籍時に退職金を受給し，親会社の勤務期間を含めた期間を基礎に子会社から退職金を受給する場合の退職所得控除額の計算（所令69①一ハ）

【事例】 親会社を退職時に退職金の受給あり。親会社の勤続年数：30年1月，子会社と親会社の通算勤続年数：35年3月

【回答】

① 子会社の退職金の通算勤続年数：36年（1年未満の端数切上げ）
② 退職所得控除額：800万円＋70万円×16年＝1,920万円
③ 親会社の勤続年数：30年（1年未満の端数切捨て）（所令70③）
④ ③に対する退職所得控除額：800万円＋70万円×10年＝1,500万円
⑤ 子会社の退職金に対する退職所得控除額：1,920万円－1,500万円＝420万円

(2) その年の4年以内に退職金を受給しており，今回の受給する退職金と勤続年数が重複している場合（所令70①二，②）

【事例】 2年前に子会社を退職し退職金を220万円受給。子会社の勤続年数：12年8月，親会社を30年6月間勤務したうえで本年退職。子会社の勤務期間は全て親会社と重複している。

【回答】

① 親会社の勤続年数：31年（1年未満の端数切上げ）
② 子会社の重複している勤続年数：12年（1年未満の端数切捨て）
③ 子会社の退職所得控除額：40万円×12年＝480万円
④ 子会社の退職金と退職所得控除額の比較：220万円＜480万円
⑤ 重複部分の年数の計算：220万円÷40万円＝5.5年→5年

（1年未満の端数切捨て）

⑥　親会社の退職所得控除額：
　800万円＋70万円×11年－40万円×５年＝1,370万円

(3)　同一年中に２か所以上から退職金を受給する場合の徴収税額（所法201①二）

【事例】　本年４月に親会社を退職し退職金を2,000万円受給。親会社の勤続年数は30年１月。本年10月に子会社を退職し退職金を500万円受給。子会社の勤続年数は５年６月。親会社の勤続年数と重複していない期間は６月。それぞれの会社に「退職所得の受給に関する申告書」を提出しており，子会社の申告書には，親会社の退職金についての記載がある。

【回答】

①　親会社の勤続年数：31年（１年未満の端数切上げ）
②　退職所得控除額：800万円＋70万円×11年＝1,570万円
③　親会社の源泉税：(2,000万円－1,570万円)×１／２に対する税額
④　子会社の勤続年数：
　30年１月（親会社の勤続年数)＋６月（重複していない期間）
　＝30年７月→31年（１年未満の端数切上げ）
⑤　子会社の退職所得控額：800万円＋70万円×11年＝1,570万円
⑥　本年中の退職金収入の合計額：2,000万円＋500万円＝2,500万円
⑦　⑥に対する源泉税額：(2,500万円－1,570万円)×１／２に対する税額
⑧　子会社が源泉徴収すべき税額：⑦－③

(4)　一の勤務先より役員退職金と使用人退職金の支給を受ける場合（所令71の２③④）

【事例】　使用人の勤務期間４年（うち使用人兼務役員期間２年)。専任取締役２年。使用人退職金100万円。役員退職金800万円。

【回答】

①　役員等勤続期間は４年→特定役員退職手当等に該当
②　使用人勤続期間４年＋役員等勤続期間２年＝６年→
　短期退職手当等には非該当
③　特定役員退職所得控除額：
　40万円×(４年－２年(重複期間))＋20万円×２年(重複期間)＝120万円
④　一般退職所得控除額：
　40万円×６年－120万円(特定役員退職所得控除額)＝120万円
⑤　一般退職所得金額：100万円－120万円＝▲20万円→０
⑥　特定役員退職所得金額：800万円－120万円－20万円＝660万円
⑦　退職所得金額の計算：0＋660万円＝660万円

7 譲渡所得

1 譲渡の範囲

譲渡とは，売買を基礎として，下記の「○」印についても譲渡所得の計算上の譲渡とされる。

行　　為	譲　渡	法令・基本通達
法人への贈与	○	所法59①一
相続（限定承認に限る。）	○	
遺贈（法人に対するもの及び個人に対する包括遺贈のうち限定承認に係るものに限る。）	○	
法人への時価の２分の１に満たない価額での譲渡	○	所法59①二
財産分与	○	所基通33－１の４
代償分割により負担した債務の履行としての資産の移転	○	所基通33－１の５
持分に応じる共有分の分割	×	所基通33－１の６
譲渡担保に係る一定の要件を満たした資産の移転	×	所基通33－２
時価の２分の１超の対価による借地権の設定	○	所令79
交換，競売，公売，物納，財産分与，現物出資	○	

2 土地建物等の譲渡所得

⑴ 土地と建物の価額が区分されていない場合の取得費の計算

譲渡所得の金額の計算において，収入金額から差し引かれる譲渡した資産の取得費は，以下と定められている（所法38①②，所令85）。

取得費＝資産の取得に要した金額＋設備費及び改良費－償却費相当額

取得した際に，土地と建物の価額が区分されていない場合には，その区分計算が必要となる。

この区分に関する規定としては，租税特別措置法関係通達35の２－９（土地等と建物等を一括取得した場合の土地等の取得価額の区分）若しくは，同通達36の２－９（買換資産を一括取得した場合の取得価額の区分）において，以下の方法が示されている。

・当該土地等及び建物等の価額が当事者間の契約において区分されていない場合であっても，例えば，当該土地等及び建物等が建設業者から取得したものであってその建設業者の帳簿書類に当該土地等及び建物等のそれぞれの価額が区分して記載されている等当該土地等及び建物等のそれぞれの価額がその取引先等において確認され，かつ，その区分された価額が当該土地等及び建物等の当該取得の時の価額としておおむね適正なものであるときは，当該確認された価額によることができる。

・上記によることが難しいときは，当該一括して取得した家屋及び土地等の当該取得の時における価額の比によりあん分して計算した金額をそれぞれ当該家屋及び土地等の取得価額とする。

よって，中古不動産などの場合には，取得時の時価としておおむね適正なものとして計算する方法により区分することとなる。

国税庁が公表している「令和５年分　土地や建物の譲渡所得のあらまし」（以下，「譲渡所得のあらまし」という。）に以下の計算方法が示されている。

① 購入時の契約において建物と土地の価額が区分されている場合

契約書等に建物と土地の価額が記載されている場合には，その価額により区分します。

（注） 契約書等に区分された建物の価額が記載されていない場合でも，その建物に課税された消費税額が分かるときには，次の算式により「建物の取得価額」を計算することができます（土地に対しては消費税は課税されません。）。

$$\text{その建物の消費税額} \times \frac{1+\text{消費税の税率（※１）}}{\text{消費税の税率（※２）}} = \text{建物の取得価額}$$

		H元4.1～H9.3.31	H9.4.1～H26.3.31	H26.4.1～R元.9.30	R元.10.1～
（※１）	１＋消費税の税率	1.03	1.05	1.08	1.10
（※２）	消費税の税率	0.03	0.05	0.08	0.10

（注） 経過措置により旧税率が適用されている場合がありますので，ご注意ください。

② 購入時の契約において建物と土地の価額が区分されていない場合

建物と土地の購入時の時価の割合で区分します。

なお，この場合の区分方法として，「建物の標準的な建築価額表」を基に，次の算式で「建物の取得価額」を計算しても差し支えありません。

イ 新築の建物を購入している場合

［お売りになった建物の建築年に対応する「建物の標準的な建築価額表」の建築単価］ × ［その建物の床面積（延床面積）（※３）］ ＝ ［建物の取得価額］

ロ 中古の建物を購入している場合

［イで計算した建物の取得価額］ － ［その建物の建築時から取得時までの経過年数に応じた償却費相当額］ ＝ ［建物の取得価額］

（※３） 建物がマンションである場合の床面積は，その専有部分の床面積によっても差し支えありません。

【償却費相当額】 「償却費相当額」は，その建物が業務用か非業務用かに応じて，業務用建物の場合は，事業所得や不動産所得の計算上必要経費に算入される償却費の累積額（※４）により，また，自己の居住用建物などの非業務用建物の場合は，次の算式により計算します。

（※4） 青色申告決算書又は収支内訳書を基に計算します。ただし，「国外中古建物の不動産所得の損益通算等の特例」（措法41条の4の3）の適用を受けた国外中古建物を売却した場合には，その建物の償却費の累積額からこの特例により生じなかったものとみなされた損失の金額に相当する部分の金額の合計額を控除した金額となります。

建物の取得価額 ×0.9× 償却率（※5） × 経過年数（※6） ＝ 償却費相当額（※7）

（※5） 非業務用建物（居住用）の償却率は次のとおりです。

区分	木造	木造モルタル	(鉄骨)鉄筋コンクリート	金属造①	金属造②
償却率	0.031	0.034	0.015	0.036	0.025

（注） 金属造①…軽量鉄骨造のうち骨格材の肉厚が3mm以下の建物
金属造②…軽量鉄骨造のうち骨格材の肉厚が3mm超4mm以下の建物

（※6） 経過年数：6か月以上の端数は1年，6か月未満の端数は切捨てます。
（※7） 建物の取得価額の95%を限度とする。
（※8） 建物の標準的な建築価額表

建物の標準的な建築価額表 （単位：千円／m²）

構造 / 築年数	木造・木骨モルタル	鉄骨鉄筋コンクリート	鉄筋コンクリート	鉄骨
昭和52年	74.1	121.8	102.0	65.3
53年	77.9	122.4	105.9	70.1
54年	82.5	128.9	114.3	75.4
55年	92.5	149.4	129.7	84.1
56年	98.3	161.8	138.7	91.7
57年	101.3	170.9	143.0	93.9
58年	102.2	168.0	143.8	94.3
59年	102.8	161.2	141.7	95.3
60年	104.2	172.2	144.5	96.9
61年	106.2	181.9	149.5	102.6
62年	110.0	191.8	156.6	108.4
63年	116.5	203.6	175.0	117.3
平成元年	123.1	237.3	193.3	128.4
2年	131.7	286.7	222.9	147.4
3年	137.6	329.8	246.8	158.7
4年	143.5	333.7	245.6	162.4
5年	150.9	300.3	227.5	159.2
6年	156.6	262.9	212.8	148.4
7年	158.3	228.8	199.0	143.2

構造 築年数	木造・木骨 モルタル	鉄骨鉄筋 コンクリート	鉄筋 コンクリート	鉄骨
平成８年	161.0	229.7	198.0	143.6
９年	160.5	223.0	201.0	141.0
10年	158.6	225.6	203.8	138.7
11年	159.3	220.9	197.9	139.4
12年	159.0	204.3	182.6	132.3
13年	157.2	186.1	177.8	136.4
14年	153.6	195.2	180.5	135.0
15年	152.7	187.3	179.5	131.4
16年	152.1	190.1	176.1	130.6
17年	151.9	185.7	171.5	132.8
18年	152.9	170.5	178.6	133.7
19年	153.6	182.5	185.8	135.6
20年	156.0	229.1	206.1	158.3
21年	156.6	265.2	219.0	169.5
22年	156.5	226.4	205.9	163.0
23年	156.8	238.4	197.0	158.9
24年	157.6	223.3	193.9	155.6
25年	159.9	258.5	203.8	164.3
26年	163.0	276.2	228.0	176.4
27年	165.4	262.2	240.2	197.3
28年	165.9	308.3	254.2	204.1
29年	166.7	350.4	265.5	214.6
30年	168.5	304.2	263.1	214.1
令和元年	170.1	363.3	285.6	228.8
２年	172.0	279.2	276.9	230.2
３年	172.2	338.4	288.2	227.3

（注）「建築着工統計（国土交通省）」の「構造別：建築物の数，床面積の合計，工事費予定額」表を基に，１m^2当たりの工事費予定額を算出（工事費予定額÷床面積の合計）したものです。

(2) 事業用固定資産を年の中途で譲渡する場合の減価償却費の取扱い

所得税法における減価償却の計算は強制償却とされているが，法令上，この強制償却はその年12月31日において有する減価償却資産に適用される規定となっている（所法49）。

したがって，事業用固定資産を年の中途で譲渡した場合の減価償却費の取扱いをどうするかが問題となる。この取扱いは，以下のとおりとなる（所基通49-54）。

① その年については減価償却しないことを原則とする。

② ただし，当該譲渡の時における償却費の額をその年分の不動産所得の金額，事業所得の金額，山林所得の金額又は雑所得の金額の計算上必要経費に算入しても差し支えない。

⑶ 事業用固定資産を譲渡する場合の消費税の取扱い

その事業用固定資産を事業の用に供していた事業所得等を生ずべき業務と同一の方式によるものとする。➡p.85

⑷ 売買契約後に死亡した場合の取扱い

譲渡所得の総収入金額の収入すべき時期は，譲渡所得の基因となる資産の引渡しがあった日を原則としつつ，納税者の選択により，当該資産の譲渡に関する契約の効力発生の日とすることを認めている（所基通36−12）。

自宅の土地建物を譲渡しようとした者が不動産の売買契約締結後に死亡した場合には，契約日基準により，被相続人の譲渡所得として確定申告する方法と，引渡し時点に相続人等が譲渡所得として確定申告する方法の２つの方法が考えられる。

【事例】 甲は，自宅の不動産（相続により取得したもので取得費は不明）を3,000万円で売却する売買契約を令和５年５月１日に締結をしたが，同年６月30日に死亡した。当該不動産は同年８月１日に引渡しが完了した。甲氏の相続人は，長男乙及び長女丙であり，遺産分割協議の結果，それぞれが法定相続分通りに当該不動産を取得することとした。この場合の譲渡所得の申告はどうなるか？

【回答】

① 資産の引渡しがあった日を収入すべき日とした場合
相続開始後に譲渡したこととなり，長男乙と長女丙のそれぞれが，令和６年３月15日までに譲渡所得の確定申告を行う。

② 売買契約日を収入すべき日とした場合
被相続人甲が生前に譲渡したこととなり，長男乙と長女丙は，甲の準確定申告として，令和５年10月30日までに譲渡所得の申告を行う。そして，被相続人甲が次の**3**，**4**の居住用財産の譲渡に係る特例の要件を満たしていれば，当該特例を適用することができる。

3 相続財産を譲渡した場合の取得費加算の特例

相続又は遺贈により取得した資産を相続開始のあった日の翌日から相続税の申告期限の翌日以後３年以内に譲渡した場合には，その譲渡した資産の取得費については，通常の方法により計算した譲渡所得を限度として，通常の取得費に次の算式により計算した金額を加算した金額とする（措法39，措令25の16）。

⑴ 原則計算（措法39，措令25の16）

$$\text{その者の相続税額（贈与税額控除前）} \times \frac{\text{譲渡資産の相続税の課税価格の計算の基礎に算入された金額}}{\text{その者の相続税の課税価格（債務控除前）＋暦年贈与加算対象の財産額＋相続時精算課税贈与加算対象の財産額}}$$

(2) 代償分割があった場合（措通39-7）

代償分割があった場合には，以下の算式により，代償債務分を按分計算した金額を譲渡資産の相続税の課税価格から控除する必要があるので，注意が必要である。

$$\text{その者の相続税額（贈与税額控除前）} \times \frac{\text{譲渡した資産の相続税評価額(B)} - \text{支払代償債務(C)} \times \dfrac{\text{(B)}}{\text{(A)} + \text{(C)}}}{\text{（その者の相続税の課税価格（債務控除前）＋暦年贈与加算対象の財産額＋相続時精算課税贈与加算対象の財産額）(A)}}$$

（注）　上記(1)及び(2)の算式は，平成26年12月31日以前に開始した相続又は遺贈により取得した財産を譲渡した場合を除く。

4　自己の居住用財産を譲渡した場合の3,000万円の特別控除

(1) 適用要件

以下の家屋又は土地等を譲渡していること（措法35②，措通35-2）。

	要　件	家屋	土地	貸付制限
①	居住の用に供している家屋（国内要件なし）	○		
②	自己の居住の用に供さなくなった日から3年を経過する日の属する年の12月31日までに譲渡した家屋（注）	○		居住の用に供さなくなった日以後の用途は問わない
③	①の家屋又は②の家屋の敷地の用に供されている土地等でその家屋とともに譲渡したもの		○	
④	災害により滅失した「①の家屋」又は「②の家屋」の敷地の用に供されていた土地等で，その家屋が居住の用に供されなくなった日から同日以後3年を経過する日の属する年の12月31日までの間に譲渡したもの		○	居住の用に供さなくなった日以後の用途は問わない
⑤	上記①又は②であった家屋を取壊し，その取壊し日から1年以内に土地等の譲渡契約が締結され，かつ，その家屋を居住の用に供さなくなった日以後3年を経過する日の属する年の12月31日までに譲渡したものであること		○	家屋取壊し日から土地の譲渡契約締結日まで，貸付けその他の用に供していないこと

（注）　具体例で確認すれば，以下のとおり。

居住の用に供さなくなった日	3年を経過する日	3年を経過する日の属する年の12月31日
令和4年1月1日	令和6年12月31日	令和6年12月31日
令和4年1月2日	令和7年1月1日	令和7年12月31日

(2) 居住の用に供している家屋（措通31の3-2，31の3-6，35-6）

上記(1)①の「居住の用に供している家屋」は以下の租税特別措置法関係通達31の

3－2を基本として，例外として，同通達31の3－6も認めることとし，これを同通達35－6において，租税特別措置法35条にも準用することとしている。

措通 31の3－2	居住用の用に供している家屋（「居住用家屋」）の範囲	①　居住用家屋の定義 イ　その者が生活の拠点として利用している家屋（一時的な利用を目的とする家屋を除く。） ロ　生活の拠点か否かは，以下の事情を総合勘案して判定 ・その者及び配偶者等（社会通念に照らして同居が通常である者）の日常生活の状況 ・その家屋への入居目的 ・その家屋の構造及び設備の状況 ②　転勤，転地療養等の事情のため，配偶者等と離れ単身で他に起居している場合 当該事情が解消したときは当該配偶者等と起居を共にすることと認められる場合は，当該配偶者等が居住の用に供している家屋は，その者にとっても，その居住の用に供している家屋に該当
措通 31の3－6	生計を一にする親族の居住の用に供している家屋	生計を一にする親族の居住の用に供している家屋で以下の要件の全てを満たしている時は，その家屋はその所有者にとって「その居住の用に供している家屋」に該当する。 ①　当該家屋は，当該所有者が従来その所有者としてその居住の用に供していた家屋であること。 ②　当該家屋は，当該所有者が当該家屋をその居住の用に供さなくなった日以後引き続きその生計を一にする親族の居住の用に供している家屋であること（ただし，この要件を欠くに至った日から1年を経過した日以後に，当該家屋，当該家屋とともにするその敷地の用に供されている土地の譲渡又は災害により滅失等をした当該家屋の敷地の用に供されていた土地等の譲渡があった場合は，要件を満たさないこととなる。）。 ③　当該所有者は，当該家屋を居住の用に供さなくなった日以後において，既に，措置法31条の3，35条1項（同条3項の規定により適用する場合を除く。），36条の2，36条の5，41条の5又は41条の5の2の規定の適用を受けていないこと。 ④　当該所有者の措通31の3－2に定めるその居住の用に供している家屋は，当該所有者の所有する家屋でないこと

(3) 居住用家屋の所有者とその敷地の所有者が異なる場合の特別控除の取扱い（措通35－4）

以下に掲げる要件の全てに該当する場合には，家屋の所有者が行った家屋（その家屋の所有者が有するその敷地の用に供されている土地等を含む。）の譲渡に係る長期譲渡所得の金額又は短期譲渡所得の金額（以下この項において「長期譲渡所得の金額等」という。）が租税特別措置法35条1項の3,000万円の特別控除額に満たないときは，その満たない金額は，その家屋の所有者以外の者が有するその土地等の譲渡に係る長期譲渡所得の金額等の範囲内において，当該長期譲渡所得の金額等から控除できる。

① その家屋とともにその敷地の用に供されている土地等の譲渡があったこと。

② その家屋の所有者とその土地等の所有者とが親族関係を有し，かつ，生計を一にしていること。

③ その土地等の所有者は，その家屋の所有者とともにその家屋を居住の用に供していること。

(4) 本特例が適用できない場合

① 居住用不動産を以下に掲げる配偶者等に譲渡する場合（措法35②一，措令23②，20の3①）

	譲　受　者
イ	その個人の配偶者及び直系血族
ロ	その個人の親族（イに掲げる者を除く，以下同じ。）でその個人と生計を一にしているもの及びその個人の親族で，今回譲渡した居住用家屋を購入した後に，その譲渡した個人とその家屋に居住するもの
ハ	その個人と婚姻の届出をしていないが事実上婚姻関係と同様の事情にある者及びその者の親族でその者と生計を一にしているもの
ニ	イからハに掲げる者及びその個人の使用人以外の者でその個人から受ける金銭その他の財産によって生計を維持しているもの及びその者の親族でその者と生計を一にしているもの
ホ	その個人，その個人のイ及びロに掲げる親族，その個人の使用人若しくはその使用人と生計を一にしているもの又はその個人に係るハ及びニに掲げる者を判定の基礎となる所得税法2条1項8号の2に規定する株主等とした場合に法人税法施行令4条2項に規定する特殊の関係その他これに準ずる関係のあることとなる会社その他の法人

② 居住用財産を譲渡した前年又は前々年において以下の特例の適用を受けている場合（措法35②）

イ	居住用財産の特別控除の特例（措法35，空き家特例を除く。）
ロ	特定の居住用財産の買換えの特例（措法36の2）
ハ	特定の居住用財産の交換の特例（措法36の5）

ニ	居住用財産の買換え等の場合の譲渡損失の損益通算及び繰越控除（措法41の5）
ホ	特定居住用財産の譲渡損失の損益通算及び繰越控除（措法41の5の2）

③　居住用家屋の譲渡について以下の特例の適用を受ける場合（措法35②一，35の2②）

イ	固定資産の交換の特例（所法58）
ロ	収用等に伴い代替資産を取得した場合の課税の特例（措法33）
ハ	交換処分等に伴い資産を取得した場合の課税の特例（措法33の2）
ニ	換地処分等に伴い資産を取得した場合の課税の特例（措法33の3）
ホ	収用交換等の場合の特別控除の特例（措法33の4）
ヘ	特定の土地等の長期譲渡所得の特例（措法35の2）
ト	特定の事業用資産の買換えの特例（措法37）
チ	特定の事業用資産の交換の特例（措法37の4）
リ	特定普通財産とその隣接する土地等の交換の場合の課税の特例（措法37の8）

④　空き家特例との併用（措法35②，措通35-7）

本特例と空き家特例との併用は可能である。ただし，その場合の特別控除は合計で3,000万円が限度となる。

⑤　居住用財産の譲渡所得の特例に係る適用関係のまとめ ➡p.64

5　自己の居住用財産を譲渡した場合の軽減税率の特例

⑴　要　件

譲渡した年の1月1日における所有期間が10年を超える国内にある居住用財産（以下の⑵の要件を満たすもの）を譲渡することが要件となる。

なお，租税特別措置法37条の5（中高層耐火建築物等の建設のための買換え及び交換の場合の譲渡所得の課税の特例）の6項（中高層耐火建築物等を取得することが困難である特別な事情がある場合）に該当する場合には，譲渡した年の1月1日における所有期間が10年以下でも可となる。

(2) 居住用財産の範囲（措法31の3②，措通31の3－1，31の3－5，31の3－6）

本特例の対象となる居住用財産の範囲は以下のとおりである。

	要　件	家屋	土地等	貸付制限	
①	自己の居住の用に供している家屋で国内にあるもの（注）	○			
②	①に掲げる家屋で自己の居住の用に供さなくなった日から３年を経過する日の属する年の12月31日までに譲渡したもの	○		無	居住の用に供さなくなった日以後の用途は問わない
③	①の家屋又は②の家屋の敷地の用に供されている土地等でその家屋とともに譲渡したもの		○		
④	以下の全ての要件を満たす居住用土地等のみの譲渡 イ　土地等は，その家屋が取り壊された日の属する年の１月１日において所有期間10年を超えているもの ロ　当該土地等の譲渡に関する契約が当該家屋を取り壊した日から１年以内に締結され，かつ，当該家屋をその居住の用に供さなくなった日以後３年を経過する日の属する年の12月31日までに，当該土地等を譲渡したものであること		○	有	家屋取壊し日から土地の譲渡契約締結日まで，貸付けその他の用に供していないこと
⑤	災害により滅失した「①の家屋」の敷地の用に供されていた土地等で，災害があった日から同日以後３年を経過する日の属する年の12月31日までの間に譲渡したもの		○	無	居住の用に供さなくなった日以後の用途は問わない

（注）生計を一にする親族の居住の用に供している家屋で，➡p.54 の「措通31の3－6」のすべての要件を満たすものも該当する。

(3) 居住用家屋の所有者とその敷地の所有者が異なる場合の取扱い（措通31の3－19）

居住用家屋の所有者以外の者が当該家屋の敷地の用に供されている土地等で，その譲渡の年の１月１日における所有期間が10年を超えているものの全部又は一部を有している場合において，当該家屋の所有者とその敷地の所有者の行った譲渡が，➡p.55 **4(3)**の①～③のすべての要件を満たすときは，これらの者がともに軽減税率の特例の適用を受ける旨の申告をしたときに限り，その申告を認めることとして取り扱う。

⑷ 本特例が適用できない場合

① 居住用不動産を配偶者等に譲渡する場合（措法31の３①）

居住用財産の特別控除の特例と同じ。➡ p.55

② 他の特例の適用を受けている場合（措法31の３①，措通31の３－１）

他の特例は以下のとおりである。

イ	固定資産の交換の特例（所法58）
ロ	優良住宅地の造成等のために土地等を譲渡した場合の課税の特例（措法31の２）
ハ	収用等に伴い代替資産を取得した場合の課税の特例（措法33）
ニ	交換処分等に伴い資産を取得した場合の課税の特例（措法33の２）
ホ	換地処分等に伴い資産を取得した場合の課税の特例（措法33の３）
ヘ	特定の居住用財産の買換えの特例（措法36の２）
ト	特定の居住用財産の交換の特例（措法36の５）
チ	特定の事業用資産の買換えの特例（措法37）
リ	特定の事業用資産の交換の特例（措法37の４）
ヌ	中高層耐火建築物等の建設のための買換え（交換）の特例（措法37の５，ただし，措法37の５⑤に該当する場合を除く。）
ル	特定の交換分合により土地等を取得した場合の課税の特例（措法37の６）
ヲ	特定普通財産とその隣接する土地等の交換の特例（措法37の８）

③ 前年又は前々年において本特例（軽減税率の特例）の適用を受けていないこと（措法31の３①）。

⑸ 税　率

	課税長期譲渡所得金額	
	6,000万円以下の部分	6,000万円超の部分
所得税及び復興所得税	10.21％	15.315％
住民税	4％	5％
合計	14.21％	20.315％

6　居住用財産を譲渡した場合の3,000万円の特別控除（空き家特例）

⑴　空き家特例の対象となる譲渡（措法35③）

①	相続又は遺贈（贈与者の死亡により効力を生ずる贈与を含む。以下同じ。）により被相続人居住用家屋及びその敷地等を取得した個人が平成28年４月１日から令和９年12月31日までに行った被相続人居住用家屋又はその敷地等の譲渡であること
②	相続開始があった日から同日以後３年を経過する日の属する年の12月31日までの間にした譲渡であること
③	譲渡対価の額が１億円以下であること

⑵　被相続人居住用家屋（措法35③一，⑤，措令23⑧）

①	相続開始直前において，当該相続等に係る被相続人（包括遺贈者を含む。以下同じ。）の居住の用に供されていた家屋（被相続人が主としてその居住の用に供していたと認められる一の建築物に限る。）（注１）
②	昭和56年５月31日以前に建築された家屋（建物の区分所有等に関する法律１条の規定に該当する「区分所有建築物」は不可。）
③	相続開始の直前において，当該被相続人以外に居住していた者がいなかった家屋（注２）
④	相続の時後に当該家屋につき行われた増築，改築，修繕又は模様替に係る部分を含む（ただし，改築については，当該家屋の全部の取壊し又は除却をした後にするもの及びその全部が滅失をした後にするものを除く。）。

（注１）　平成31年４月１日以後に行う被相続人居住用家屋又は被相続人居住用家屋の敷地等の譲渡については，被相続人が老人ホームに入居していた場合などの居住の用に供することができない事由（「特定事由」）により当該相続の開始の直前において当該被相続人の居住の用に供されていなかった場合として一定の要件を満たしている場合を含む（措法35③，平成31年改正法附則34⑥）。

（注２）「当該被相続人以外に居住していた者」とは，相続開始の直前において，被相続人の居住の用に供されていた家屋を生活の拠点として利用していた当該被相続人以外の者のことをいう。当該被相続人の親族のほか，当該被相続人の居住の用に供されていた家屋の一部を賃借して居住していた者も含む（措通35-12）。

⑶　譲渡資産の要件

①　次のいずれの要件も満たす被相続人居住用家屋の譲渡（措法35③一）

イ	当該相続の時から当該譲渡の時まで事業の用，貸付けの用又は居住の用に供されていたことがないこと
ロ	当該譲渡の時において地震に対する安全性に係る規定又は基準として一定のもの（令和６年１月１日以後は耐震基準）に適合していること

② 上記①の被相続人居住用家屋の敷地等に供されている土地等で，上記①とともに譲渡されるものであって，相続等の時から譲渡の時まで事業の用，貸付けの用又は居住の用に供されたことがないもの（措法35③一）

③ 以下の全ての要件を満たす被相続人居住用家屋の敷地等であった土地等（措法35③二）

イ	以下の要件を満たす家屋があったこと ・土地等の譲渡前に，被相続人居住用家屋が全部取り壊され，若しくは除却されていること又はその全部が滅失していること ・相続の時から取壊し，除却又は滅失の時まで事業の用，貸付けの用又は居住の用に供されていたことがないこと
ロ	以下の要件を満たす被相続人居住用家屋の敷地等であること ・相続等の時からその譲渡の時まで事業の用，貸付けの用又は居住の用に供されていないこと ・被相続人居住用家屋の取壊し，除却又は滅失の時からその譲渡の時まで建物又は構築物の敷地の用に供されていたことがないこと

④ 被相続人居住用家屋で①イの要件を満たすもの又は当該被相続人居住用家屋とともに譲渡される被相続人居住用家屋の敷地等で①イの要件を満たすものであって，譲渡の日の属する年の翌年２月15日までの間に，耐震基準に適合することとなったもの又は被相続人居住用家屋の全部の取壊し若しくは除却がされ，又はその全部が滅失したもの（措法35①③三）。

⑷ 譲渡対価１億円についての制限

本特例が定める譲渡対価１億円は，以下の①又は②による合算判定をしても，１億円を超えない場合に適用される。

① 対象譲渡と適用前譲渡の譲渡対価の合算判定（措法35⑥，措令23⑧～⑩）

イ 居住用家屋取得相続人（措法35⑥）

相続又は遺贈による被相続人居住用家屋又は被相続人居住用家屋の敷地等の取得をしたすべての相続人。この居住用家屋取得相続人は，空き家の特例適用を受ける相続人に限定されない（措通35-21）。

ロ 合算期間（措法35⑥）

当該相続の時からこの特例の適用を受ける譲渡（「対象譲渡」という。以下同じ。）をした日の属する年の12月31日までの期間。

ハ 適用前譲渡

上記ロの合算期間内に居住用家屋取得相続人が行った次に掲げる譲渡をいう。

「対象譲渡」をした資産と当該相続の開始直前において一体として被相続人の居住の用に供されていた家屋又はその家屋の敷地の用に供されていたと認められる土地若しくは土地の上に存する権利（「対象譲渡資産一体家屋等」という。以下同じ。）の譲渡。

② 対象譲渡，適用前譲渡並びに適用後譲渡の譲渡対価の合算判定（措法35⑦）

イ 適用後譲渡

居住用家屋取得相続人が対象譲渡をした日の属する年の翌年１月１日から当該対

象譲渡をした日以後３年を経過する日の属する年の12月31日までの間に行った「対象譲渡資産一体家屋等」の譲渡。

ロ　合算対象譲渡（措法35⑦）

対象譲渡（適用前譲渡がある場合には適用前譲渡を加算した金額）と適用後譲渡。

ハ　修正申告（措法35⑨）

本特例の適用を受けていた者が適用後譲渡の譲渡対価の合算判定の結果，要件を満たさないこととなった場合には，満たさないこととなった適用後譲渡をした日から４か月を経過する日までに当該対象譲渡をした日の属する年分の所得税について修正申告書を提出し，かつ，当該期限内に納付すべき税額を納付しなければならない。

(5) 特例控除額の縮減（措法35④）

相続又は遺贈による被相続人居住用家屋及び被相続人居住用家屋の敷地等の取得をした相続人の数が３人以上の場合には，特別控除額が１人当たり3,000万円から2,000万円に縮減される。

(6) 相続財産に係る譲渡所得の課税の特例との関係（措法35③）

本特例は，相続財産に係る譲渡所得の課税の特例（いわゆる「取得費加算の特例」）（措法39）とは選択適用となる。

7　特定居住用財産の買換えの特例

(1) 適用要件（措法36の２，措令24の２）

①　譲渡資産の要件

イ	国内にある居住用財産で，譲渡の年の１月１日における所有期間が10年を超えるもの
ロ	譲渡した個人が居住用の用に供していた期間が通算して10年以上であるもの
ハ	令和７年12月31日までに譲渡するもの
ニ	譲渡資産の譲渡対価の額（譲渡した年又はその前年若しくは前々年又は翌年若しくは翌々年に，譲渡資産と一体として当該個人の居住の用に供されていた家屋又は土地等の譲渡があった場合には，これらの譲渡対価との合計額）が１億円以下であること

②　買換資産の要件

イ	国内にある居住部分の床面積が50m^{2}以上である（区分所有家屋の場合には，その独立部分の床面積のうち，その個人の居住の用に供する部分）個人の居住の用に供する家屋で，新築以外の場合には，以下の構造別の要件を満たすもの ・耐火建築物の場合 　その取得の日以前25年以内に建築されたもの又は建築基準等に適合することが証明されたもの

	・耐火建築物に該当しない場合 　その取得の日以前25年以内に建築されたもの又は買換資産の取得期限までに建築基準等に適合することが証明されたもの
ロ	イに定める家屋の敷地の用に供する土地又は土地の上に存する権利で，500m²以下のもの（区分所有家屋の場合には，一棟の家屋の敷地面積のうち，当該区分所有家屋に対応する部分）
ハ	譲渡の日の属する年の前年１月１日から譲渡の日の属する年の12月31日または譲渡の年の翌年（特定非常災害に該当し，所轄税務署長の承認を受けたときは，翌々年）12月31日までに取得すること
ニ	買換資産の取得日から譲渡の日の属する年の翌年12月31日（譲渡の日の属する年の翌年（特定非常災害の場合は翌年）中に買換資産を取得する場合には，その取得の日の属する年の翌年12月31日）までの買換資産を居住の用に供すること

(2)　**居住用財産の範囲**（措法36の２①，措通36－２－23）

	要　件	家屋	土地等	貸付制限	
①	自己の居住の用に供している家屋で国内にあるもの（注）	○			
②	①に掲げる家屋で自己の居住の用に供さなくなった日から３年を経過する日の属する年の12月31日までに譲渡したもの	○		無	居住の用に供さなくなった日以後の用途は問わない
③	①の家屋又は②の家屋の敷地の用に供されている土地等でその家屋とともに譲渡したもの		○		
④	以下の全ての要件を満たす居住用土地等のみの譲渡 イ　土地等は，その家屋が取り壊された日の属する年の１月１日において所有期間10年を超えているもの ロ　当該土地等の譲渡に関する契約が当該家屋を取り壊した日から１年以内に締結され，かつ，当該家屋をその居住の用に供さなくなった日以後３年を経過する日の属する年の12月31日までに，当該土地等を譲渡したものであること		○	有	家屋取壊し日から土地の譲渡契約締結日まで，貸付けその他の用に供していないこと

⑤	災害により滅失した「①の家屋」の敷地の用に供されていた土地等で，災害があった日から同日以後３年を経過する日の属する年の12月31日までの間に譲渡したもの		○	無	居住の用に供さなくなった日以後の用途は問わない

（注） 生計を一にする親族の居住の用に供している家屋で，➡p.54 に記した「措通31の３－６」のすべての要件を満たすものも該当する。

⑶ 買換資産を当該個人の居住の用に供したことの意義（措通36の２－17）

買換資産は，⑴②の表に記載の時期までに当該個人の居住の用に供することが本特例の適用要件の１つとなっている。この判定は，租税特別措置法関係通達31の３－２ ➡p.54 に準じて行うこととしている。

また，同通達36の２－17の（注）書きにおいて，生計を一にする親族の居住の用に供している家屋等について，同通達36の２－23において準用する同通達31の３－６ ➡p.54 により本特例の対象とする譲渡資産の譲渡に該当させたとしても，買換資産がその者の居住の用に供されていない場合には，本特例の適用はないことを明らかにしている。

⑷ 本特例が適用できない場合

① 譲渡者の配偶者等に譲渡する場合（措法36の２①，措令24の２①）

居住用財産の特別控除の特例と同じ。 ➡p.55

② その年又はその年の前年若しくは前々年において以下の特例の適用を受けている場合（措法36の２①）

イ	居住用財産を譲渡した場合の長期譲渡所得の課税の特例（措法31の３①）
ロ	居住用財産の譲渡所得の特別控除（措法35①，同条３項を適用する場合を除く。）
ハ	居住用財産の買換え等の場合の譲渡損失の損益通算及び繰越控除（措法41の５）
ニ	特定居住用財産の譲渡損失の損益通算及び繰越し控除（措法41の５の２）

③ 他の特例の適用を受けている場合（措法36の２①）

イ	収用等に伴い代替資産を取得した場合の課税の特例（措法33）
ロ	交換処分等に伴い資産を取得した場合の課税の特例（措法33の２）
ハ	換地処分等に伴い資産を取得した場合の課税の特例（措法33の３）
ニ	収用交換等の場合の特別控除（措法33の４）
ホ	特定の事業用資産の買換えの特例（措法37）
ヘ	特定の事業用資産の交換の特例（措法37の４）

ト	特定普通財産とその隣接する土地等の交換の特例（措法37の８）
チ	固定資産の交換の特例（所法58）

(5) 居住用財産の譲渡所得の特例に係る適用関係のまとめ

居住用財産の各特例の適用関係は以下のようになる。

譲渡資産	所有期間	居住期間（通算）	居住用財産の特別控除の特例（措法35）	居住用財産の軽減税率の特例（措法31の３）	選択適用	特定の居住用財産の買換え（交換）の特例（措法36の２，36の５）
居住用財産	10年以内	10年未満	○	×		×
		10年以上	○	×		×
	10年超	10年未満	○	○		×
		10年以上	○	○	選択	○
			併用可能			左２つの特例の選択

なお，上記のいずれの特例も住宅借入金等特別控除とは選択適用となる。

➡p.116

8 固定資産を交換した場合の課税の特例

(1) 適用要件（所法58①）

①	交換譲渡資産及び交換取得資産はいずれも，１年以上有していた「固定資産」であること
②	同種の固定資産間での交換であること
③	交換取得資産を交換譲渡資産と同一の用途に供すること
④	交換の時における交換取得資産と交換譲渡資産の価額の差額がいずれか高い方の価額の20％以内であること

(2) 同種の固定資産（所法58①）

①	土地（建物又は構築物の所有を目的とする地上権及び賃借権並びに農地法２条１項に規定する農地の上に存する耕作に関する権利を含む。）
②	建物（これに付随する設備及び構築物を含む。）
③	機械及び装置
④	船舶
⑤	鉱業権（租鉱権及び採石権その他土石を採掘し，又は採取する権利を含む。）

(3) 同一の用途に供すること（所基通58-６）

以下の資産の種類に応じ，おおむね以下に掲げる区分により判定する。

交換譲渡資産の種類	区　分
土地	宅地，田畑，鉱泉地，池沼，山林，牧場又は原野，その他の区分
建物	居住用，店舗又は事務所用，工場用，倉庫用，その他の区分（注）
機械設備	改正前の耐用年数省令別表第２に掲げる設備の種類の区分
船舶	漁船，運送船，作業船，その他の区分

（注）　店舗又は事務所と住宅とに併用されている家屋は，居住専用又は店舗専用若しくは事務所専用の家屋と認めて差し支えない。

(4)　交換資産の時価（所基通58−12）

交換当事者が合意した価額が，通常の取引価額と異なる時であっても，その交換に至った事情等からみて合理的に算定されていると認められる場合には，本特例の適用上は，等価交換とみなす。ただし，交換当事者同士に取引関係があり相手方に利益を与えようとすることが明らかな場合や明らかに贈与の意思をもって著しく価額の異なる交換を行った場合には合理的に算定したとは認められないとしている。

(5)　譲渡所得の金額と取得時期の引継ぎ（所令168，措令20②一）

等価交換の場合には譲渡はなかったものとみなし，交換差金等を受領した場合には，交換差金等の部分についてのみ譲渡所得を計算する。また，本特例の適用を受けた交換取得資産の取得時期は，交換譲渡資産の取得時期を引き継ぐ。

9　特定の事業用資産の買換えの特例

(1)　適用要件（措法37①）

①	令和８年12月31日（３号については，令和８年３月31日）までに譲渡するもの
②	事業（事業に準するものとして一定のものを含む。）の用に供しているものの譲渡
③	表に定める買換資産を原則として前年又は翌年末日までに取得すること
④	買換資産として土地を取得した場合には，その土地等の面積は，譲渡資産の土地等の面積の５倍以内であること
⑤	買換資産を取得の日から１年以内に事業の用に供すること

（注）　譲渡資産が，その年１月１日において所有期間が５年以下の土地等である場合は特例の適用を受けられないこととなっているが，平成10年１月１日から令和８年３月31日までの間にした土地等の譲渡については適用を受けることができる（措法37⑤⑫）。

⑵　事業に準ずるもの（措令25②，措通37－3）

事業と称するには至らない不動産又は船舶の貸付けその他これに類する行為で相当の対価を得て継続的に行うものをいう。「相当の対価を得て継続的に行う」ことの判定については，以下に留意する。

①	相当の対価については，その貸付け等の用に供している資産の減価償却費の額，固定資産税その他の必要経費を回収した後において，なお相当の利益が生ずるような対価を得ているかどうかにより判定する。
②	その貸付け等をした際にその対価を一時に受け，その後一切対価を受けない場合には，継続的に対価を得ていることには該当しない。
③	その貸付け等をした際に一時金を受け，かつ，継続的に対価を受けている場合には，一時金の額と継続的に受けるべき対価の額とを総合して①の相当の対価であるかどうかを判定する。
④	継続的に貸付け等の行為を行っているかどうかについては，原則として，その貸付け等に係る契約の効力の発生した時の現況においてその貸付け等が相当期間継続して行われることが予定されているかどうかによる。

⑶　買換資産を当該個人の事業の用に供したことの意義（措通37－21）

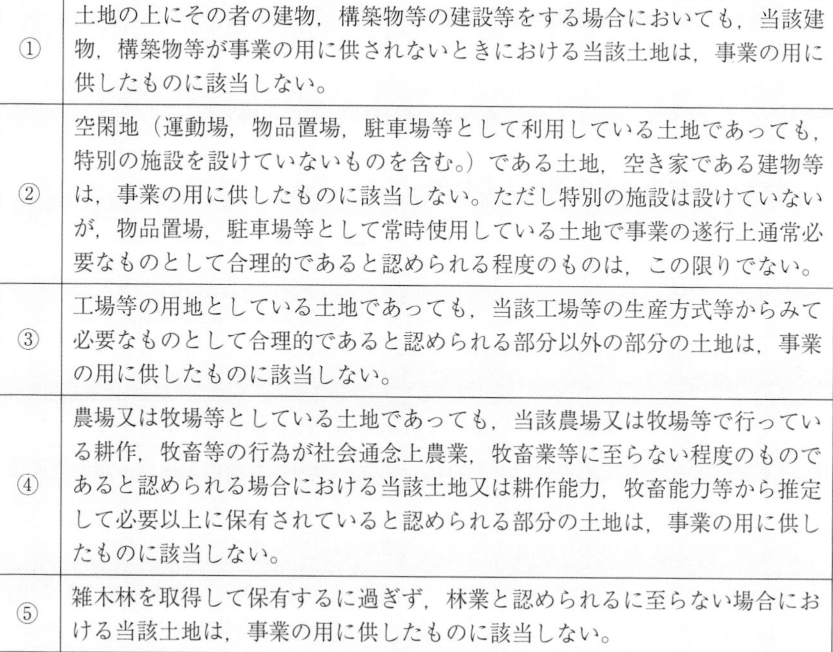

①	土地の上にその者の建物，構築物等の建設等をする場合においても，当該建物，構築物等が事業の用に供されないときにおける当該土地は，事業の用に供したものに該当しない。
②	空閑地（運動場，物品置場，駐車場等として利用している土地であっても，特別の施設を設けていないものを含む。）である土地，空き家である建物等は，事業の用に供したものに該当しない。ただし特別の施設は設けていないが，物品置場，駐車場等として常時使用している土地で事業の遂行上通常必要なものとして合理的であると認められる程度のものは，この限りでない。
③	工場等の用地としている土地であっても，当該工場等の生産方式等からみて必要なものとして合理的であると認められる部分以外の部分の土地は，事業の用に供したものに該当しない。
④	農場又は牧場等としている土地であっても，当該農場又は牧場等で行っている耕作，牧畜等の行為が社会通念上農業，牧畜業等に至らない程度のものであると認められる場合における当該土地又は耕作能力，牧畜能力等から推定して必要以上に保有されていると認められる部分の土地は，事業の用に供したものに該当しない。
⑤	雑木林を取得して保有するに過ぎず，林業と認められるに至らない場合における当該土地は，事業の用に供したものに該当しない。

⑥	事業に関し貸し付ける次のものは，相当の対価を得ていない場合であっても，事業の用に供したものに該当する。 ・工場，事業所等の作業員社宅，売店等として貸し付けているもの ・自己の商品等の下請工場，販売特約店等に対し，当該商品等について加工，販売等をするために必要な施設として貸し付けているもの
⑦	措置法37条１項の規定の適用を受けるためのみの目的で一時的に事業の用に供したと認められる資産は事業の用に供したものに該当しない。
⑧	たまたま運動場，物品置場，駐車場等として利用し，又はこれらの用のために一時的に貸し付けていた空閑地は事業の用の供したものに該当しない。

(4)　買換資産を事業の用に供した時期の判定（措通37-23）

本特例は，買換資産を取得の日から１年以内に事業の用に供する必要がある。この事業の用に供した日は，以下により判定する。

①	土地等については，その使用の状況に応じ，それぞれ次に定める日による。 イ　新たに建物，構築物等の敷地の用に供するものは，当該建物，構築物等を事業の用に供した日（当該建物，構築物等の建設等に着手した日から３年以内に建設等を完了して事業の用に供することが確実であると認められる場合には，その建設等を着手した日） ロ　既に建物，構築物等の存するものは，当該建物，構築物等を事業の用に供した日（当該建物，構築物等が当該土地等の取得の日前からその者の事業の用に供されており，かつ，引き続きその用に供されるものである場合には，当該土地等の取得の日） ハ　建物，構築物等の施設を要しないものは，そのものの本来の目的のために使用を開始した日（当該土地等がその取得の日前からその者において使用されている者である場合には，その取得の日）
②	建物，構築物並びに機械及び装置については，そのものの本来の目的のための使用を開始した日（当該資産がその取得の日前からその者において使用されているものである場合には，その取得の日）による。

(5)　買換資産の取得すべき期間（措法37①③④⑧，措令25⑮⑱㉑）

以下の期間に取得することを要する。

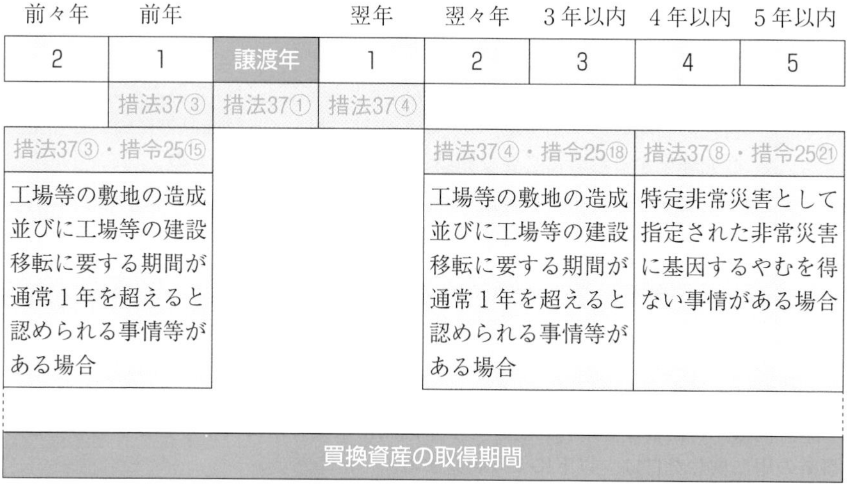

前々年	前年		翌年	翌々年	3年以内	4年以内	5年以内
2	1	譲渡年	1	2	3	4	5
	措法37③	措法37①	措法37④				
措法37③・措令25⑮ 工場等の敷地の造成並びに工場等の建設移転に要する期間が通常1年を超えると認められる事情等がある場合				措法37④・措令25⑱ 工場等の敷地の造成並びに工場等の建設移転に要する期間が通常1年を超えると認められる事情等がある場合		措法37⑧・措令25㉑ 特定非常災害として指定された非常災害に基因するやむを得ない事情がある場合	
買換資産の取得期間							

(6) 譲渡資産と買換資産の範囲

	譲渡資産	買換資産
1号	「航空機騒音障害区域」内にある土地等，建物又は構築物で，一定の定めにより譲渡するもの	「航空機騒音障害区域」以外の地域内にある土地等，建物，構築物又は機械及び装置（農業又は林業の用に供されるものにあっては，市街化区域以外の地域にあるものに限る。）
2号	既成市街地等及びこれに類する区域内にある土地等，建物又は構築物	左記に規定する区域内にある土地等，建物，構築物又は機械及び装置で，都市再開発法による市街化再開発事業（土地の区域面積が5千m^2以上であるもの。）に関する都市計画の実施に伴い，当該施策に従って取得されるもの
3号	国内にある土地等，建物又は構築物で，当該個人により取得されたもので，譲渡の日の属する年の1月1日において所有期間が10年を超えるもの	国内にある土地等（事務所，事業所その他一定の施設（この号で「特定施設」という。）の敷地の用に供されるもの又は駐車場の用に供されるもので，建築基準法6条1項又は2項の規定による許可の手続等の行為が進行中など，建築又は構築物の敷地の用に供されていいないことについてやむを得ない事情があるもので，その土地等の面積が300m^2以上のもの），建物又は構築物

4号	船舶（日本船舶に限るものとし，漁業の用に供されるものを除く。）のうち，その進水の日から譲渡の日までの期間が，一定の期間に満たないもの	建造の後事業の用に供されたことのない船舶のうち環境への負荷の低減に資する船舶として国土交通大臣が財務大臣と協議して指定するものその他一定の船舶

⑺　譲渡所得の金額の計算（措法37①⑩，措令25④⑤）

以下のケース別に以下の算式で計算する。

A：譲渡収入　B：譲渡資産の取得費・譲渡費用の額

C：買換資産の取得費　D：課税譲渡所得金額

	比較	課税譲渡所得金額(D)
ケース1	A>C	$A-(C\times80\%)-B\times\frac{A-(C\times80\%)}{A}=D$
ケース2	A=C	$A\times20\%-B\times20\%=D$
ケース3	A<C	

①　譲渡資産及び買換資産が，上記⑹の表中の「３号」買換えに該当する場合で，譲渡資産及び買換資産が下記の表にある地域内の資産に該当する場合には，課税の繰延割合については，以下のように読み替える。

譲渡資産の要件
イ　地域再生法第５条第４項第５号イに規定する「集中地域」以外の地域
ロ　東京都特別区にある「主たる事務所資産（建物及び構築物並びにこれらの敷地）」以下同じ
ハ　「集中地域」以外の地域にある「主たる事務所資産」

⇨

買換資産の要件	読み替え規定
東京都特別区以外の集中地域	「80%」は「75%」 「20%」は「25%」
東京都特別区	「80%」は「70%」 「20%」は「30%」
集中地域以外の地域で取得する「主たる事務所資産」	「80%」は「90%」 「20%」は「10%」
東京都特別区で取得する「主たる事務所資産」	「70%」は「60%」 「30%」は「40%」

②　譲渡資産及び買換資産が，上記⑹の表中の「１号」買換えに該当する場合で，譲渡資産が同号に掲げる資産のうち一定の資産に該当する場合には，上記表中の「80%」は「70%」，「20%」は「30%」とする。

⑻　届出義務（措法37①，措令25③）

同一年中に譲渡資産を譲渡し，買換資産を取得した場合には，譲渡日（先行取得の場合には取得日）を含む３月期間（１月１日から３月31日，４月１日から６月30日，７月１日から９月30日，10月１日から12月31日）の末日の翌日から２月以内に，本規定の適用を受ける旨及び所定の事項を記載した届出書を提出しなければならない。令和６年４月１日以後の譲渡より適用される。

10　居住用財産の買換え等の場合の譲渡損失の損益通算及び繰越控除

(1)　譲渡資産及び買換資産の要件（措法41の5①）

①　譲渡資産の要件（措法41の5⑦一）

その年1月1日において所有期間が5年を超えるもので以下のものが要件となる。

イ	令和7年12月31日までに譲渡するもの
ロ	当該個人がその居住の用に供している家屋で国内にあるもの
ハ	ロの家屋で当該個人の居住の用に供さなくなったもの（当該個人の居住の用に供されなくなった日から同日以後3年を経過する日の属する年の12月31日までの間に譲渡されるものに限る。）
ニ	ロ又はハに掲げる家屋及び当該の敷地の用に供されている土地又は土地の上に存する権利
ホ	当該個人のロに掲げる家屋が災害により滅失した場合において，当該個人が当該家屋を引き続き所有していたとしたならば，その年の1月1日において所有期間が5年を超える当該家屋の敷地の用に供されていた土地又は土地の上に存する権利（当該災害のあった日から同日以後3年を経過する日の属する年の12月31日までの間に譲渡されるものに限る。）

②　買換資産の要件（措法41の5⑦一，措令26の7⑥）

イ	1棟の家屋の床面積のうち当該個人が居住の用に供する部分の床面積が50m^{2}以上であるもの
ロ	1棟の家屋の床面積のうちその構造上区分された数個の部分を独立して居住その他の用途に供することができるものにつきその各部分（独立部分）を区分所有する場合には，その独立部分の床面積のうち当該個人が居住の用に供する部分の床面積が50m^{2}以上であるもの
ハ	イ又はロの家屋の敷地の用に供する土地若しくは土地の上に存する権利
ニ	取得した日の属する年の12月31日において買換資産について住宅借入金等の金額があるもの

(2)　買換資産の取得期間及び居住期限（措法41の5⑦一，措規18の25④）

①　買換資産の取得期間は以下のとおり。

前年		翌年	翌々年	3年以内
1	譲渡年	1	2	3
原則			特定非常災害として指定された非常災害に基因するやむを得ない事情がある場合	
買換資産の取得期間				

② 買換資産は，その取得の日からその取得の日の属する年の翌年12月31日までの間に当該個人の居住の用に供する必要がある。

⑶ 居住用財産の譲渡損失の金額（措法41の5⑦一，措令26の7⑨）

本特例の対象となる譲渡資産の譲渡（その年において本特例の対象となる譲渡資産が二以上ある場合には，一の譲渡に限る。）による譲渡所得の金額の計算上生じた損失の金額のうち，当該譲渡をした日の属する年分の分離長期譲渡所得の金額の計算上生じた損失の金額（当該分離長期譲渡所得の金額の計算上生じた損失の金額のうちに分離短期譲渡所得の金額の計算上控除する金額がある場合には，当該分離長期譲渡所得の金額の計算上生じた損失の金額から当該控除する金額に相当する金額を控除した金額）に達するまでの金額であって，上記⑴及び⑵の要件を満たしているもの。

⑷ 居住用財産の譲渡損失の金額についての損益通算（措法41の5①）

上記⑶に規定する居住用財産の譲渡損失の金額に該当する金額がある場合には，当該居住用財産の譲渡損失の金額については，所得税法69条1項（損益通算）の規定その他の所得税に関する法令の規定を適用する。

⑸ 通算後譲渡損失の金額（措法41の5⑦三，措令26の7⑫）

当該個人のその年において生じた純損失の金額うち，居住用財産の譲渡損失の金額に係るものとして一定の計算をした金額をいう。具体的には，以下の①，②，③により計算した金額をいう。

なお，譲渡資産のうちに，500m^{2}を超える土地等が含まれている場合には，その500m^{2}を超える部分に相当する金額は除かれる（措法41の5⑦三）。

① 青色申告者でその年分の不動産所得の金額，事業所得の金額，山林所得の金額又は譲渡所得の金額の計算上生じた損失の金額がある場合

イ ［ケース1］通算後譲渡損失が計算される場合

居住用財産の譲渡損失の金額（△）		他の損失の金額（△）
他の所得の金額（＋）	純損失の金額（△）	
	通算後譲渡損失の金額	所法70①の繰越控除対象

ロ ［ケース2］通算後譲渡損失が計算されない場合

居住用財産の譲渡損失の金額（△）	他の損失の金額（△）	
他の所得の金額（＋）		純損失の金額（△）
※居住用財産の譲渡損失の金額は全額損益通算されて通算後譲渡損失の金額はなし		所法70①の繰越控除対象

② 変動所得に係る損失及び被災事業用資産の損失がある場合

イ ［ケース1］通算後譲渡損失が計算される場合

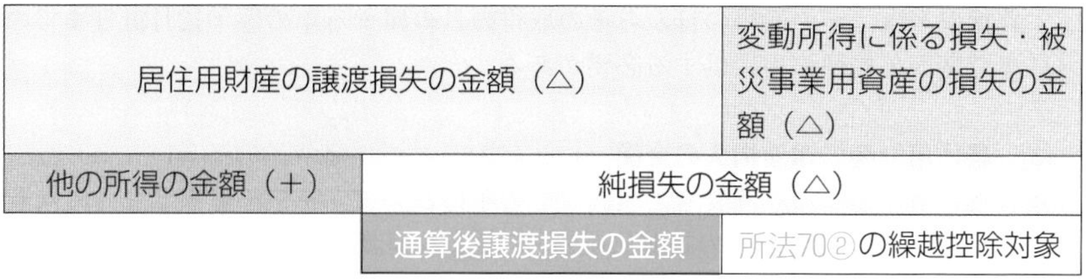

居住用財産の譲渡損失の金額（△）		変動所得に係る損失・被災事業用資産の損失の金額（△）
他の所得の金額（＋）	純損失の金額（△）	
	通算後譲渡損失の金額	所法70②の繰越控除対象

ロ ［ケース２］通算後譲渡損失が計算されない場合

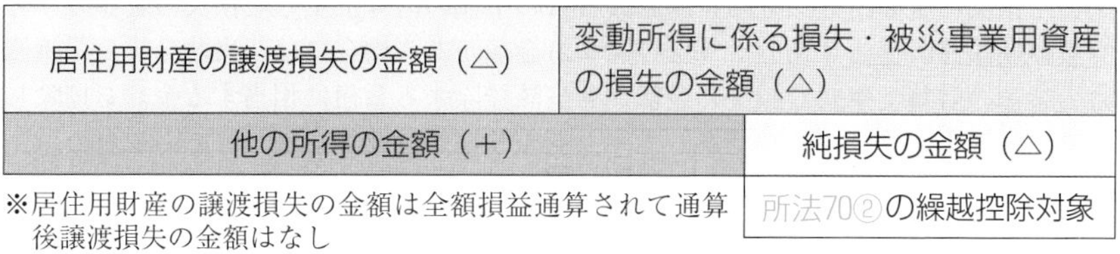

居住用財産の譲渡損失の金額（△）	変動所得に係る損失・被災事業用資産の損失の金額（△）
他の所得の金額（＋）	純損失の金額（△）
※居住用財産の譲渡損失の金額は全額損益通算されて通算後譲渡損失の金額はなし	所法70②の繰越控除対象

③ 白色申告者で変動所得に係る損失及び被災事業用資産の損失の金額がない場合

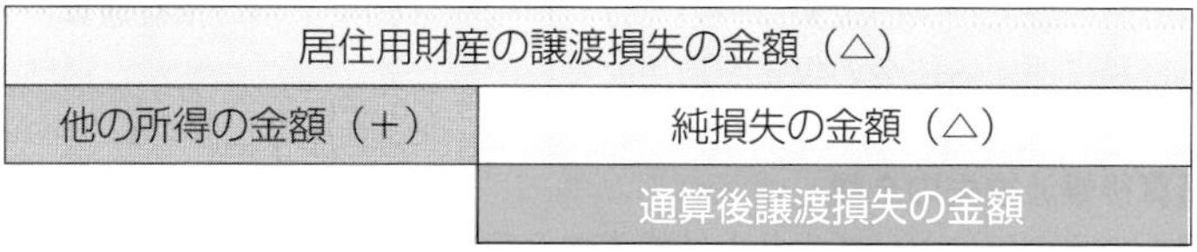

居住用財産の譲渡損失の金額（△）	
他の所得の金額（＋）	純損失の金額（△）
	通算後譲渡損失の金額

⑹ 通算後譲渡損失の金額の繰越控除の要件（措法41の５④⑤）

①	その年の前年以前３年内の年において生じた通算後譲渡損失の金額（この規定の適用を受けて前年以前の年において控除されたものを除く。）を有していること
②	その年12月31日において買換資産に係る住宅借入金等の金額を有していること
③	その年分の合計所得金額が3,000万円以下であること
④	居住用財産の譲渡損失の金額が生じた年分の所得税につき「期限内申告」を行っており，その後において連続して所定の添付書類を添えて確定申告を行っていること

（注） 上記③の合計所得要件は通算後譲渡損失の繰越控除の要件となっており，居住用財産の譲渡損失の金額が生じた年分について損益通算を行う場合には，合計所得要件はない。

⑺ 所得控除の合計所得金額との関係（措法41の５⑫一）

通算後譲渡損失の繰越控除の適用を受けた年分における以下の項目の判定における「合計所得金額」は，通算後譲渡損失の繰越控除の適用を受けて控除した金額はないものとして判定する。

①	寡婦	⑦	源泉控除対象配偶者
②	ひとり親	⑧	扶養親族
③	勤労学生	⑨	控除対象扶養親族
④	同一生計配偶者	⑩	特定扶養親族
⑤	控除対象配偶者	⑪	老人扶養親族
⑥	老人控除対象配偶者		

(8) 本特例が適用できない場合

① 譲渡資産を配偶者等に譲渡する場合（措令26の７④）

居住用財産の特別控除の特例と同じ。➡p.55

② その年の前年若しくは前々年において以下の特例の適用を受けている場合（措法41の５⑦一）

イ	居住用財産を譲渡した場合の長期譲渡所得の課税の特例（措法31の３①）
ロ	居住用財産の譲渡所得の特別控除（措法35①，同条３項を適用する場合を除く。）
ハ	特定の居住用財産の買換えの場合の長期譲渡所得の課税の特例（措法36の２）
ニ	特定の居住用財産を交換した場合の長期譲渡所得の課税の特例（措法36の５）

③ その年の前年以前３年内の年において生じた当該居住用財産の譲渡損失の金額以外の居住用財産の譲渡損失の金額につき，本特例の適用を受けている場合（措法41の５①）

④ その年若しくはその年の前年以前３年内における譲渡につき，以下の特例の適用を受け，若しくは受けている場合（措法41の５⑦一）

イ	特定居住用財産の譲渡損失の損益通算及び繰越控除（措法41の５の２）

11 特定居住用財産の譲渡損失の損益通算及び繰越控除

(1) 譲渡資産の要件（措法41の５の２⑦一）

その年１月１日において所有期間が５年を超えるもので以下のものが要件となる。

①	令和７年12月31日までに譲渡するもの
②	当該個人がその居住の用に供している家屋で国内にあるもの
③	②の家屋で当該個人の居住の用に供さなくなったもの（当該個人の居住の用に供されなくなった日から同日以後３年を経過する日の属する年の12月31日までの間に譲渡されるものに限る。）
④	②又は③に掲げる家屋及び当該の敷地の用に供されている土地又は土地の上に存する権利

⑤	当該個人の②に掲げる家屋が災害により滅失した場合において，当該個人が当該家屋を引き続き所有していたとしたならば，その年の１月１日において所有期間が５年を超える当該家屋の敷地の用に供されていた土地又は土地の上に存する権利（当該災害のあった日から同日以後３年を経過する日の属する年の12月31日までの間に譲渡されるものに限る。）

⑥	譲渡資産の譲渡に係る契約を締結した日の前日において当該譲渡資産に係る住宅借入金等の金額を有すること

(2)　特定居住用財産の譲渡損失の金額（措法41の５の２⑦一，措令26の７の２⑦）

次の①と②のいずれか少ない金額

①　譲渡資産の譲渡に係る契約を締結した日の前日における当該譲渡資産に係る住宅借入金等の金額の合計額から当該譲渡資産の譲渡の対価を控除した金額

②　本特例の対象となる譲渡資産の譲渡（その年において本特例の対象となる譲渡資産が二以上ある場合には，一の譲渡に限る。）による譲渡所得の金額の計算上生じた損失の金額のうち，当該譲渡をした日の属する年分の分離長期譲渡所得の金額の計算上生じた損失の金額（当該分離長期譲渡所得の金額の計算上生じた損失の金額のうちに分離短期譲渡所得の金額の計算上控除する金額がある場合には，当該分離長期譲渡所得の金額の計算上生じた損失の金額から当該控除する金額に相当する金額を控除した金額）に達するまでの金額であって，上記(1)の要件を満たしているもの

住宅借入金等の金額の合計額		
譲渡資産の譲渡収入	特定居住用財産の譲渡損失の金額の限度額(A)	
ケース１（全額対象）	譲渡損失の金額(B)	
ケース２（一部対象外）	譲渡損失の金額(B)	

(3)　特定居住用財産の譲渡損失の金額についての損益通算（措法41の５の２①）

上記(2)に規定する特定居住用財産の譲渡損失の金額に該当する金額がある場合には，当該特定居住用財産の譲渡損失の金額については，所得税法69条１項（損益通算）の規定その他の所得税に関する法令の規定を適用する。

(4)　通算後譲渡損失の金額（措法41の５の２⑦三，措令26の７の２⑨）

10(3)の居住用財産の譲渡損失の金額を特定居住用財産の譲渡損失の金額として計算した金額。

(5) 通算後譲渡損失の金額の繰越控除（措法41の５の２④⑤）

イ	その年の前年以前３年内の年において生じた通算後譲渡損失の金額（この規定の適用を受けて前年以前の年において控除されたものを除く。）を有していること
ロ	その年分の合計所得金額が3,000万円以下であること
ハ	居住用財産の譲渡損失の金額が生じた年分の所得税につき「期限内申告」を行っており，その後において連続して所定の添付書類を添えて確定申告を行っていること

(6) 所得控除の合計所得金額との関係（措法41の５の２⑫一）

10(7)と同じ。

(7) 本特例が適用できない場合

① 譲渡資産を配偶者等に譲渡する場合（措令26の７の２④）
居住用財産の特別控除の特例と同じ。➡p.55

② その年の前年若しくは前々年において以下の特例の適用を受けている場合（措法41の５の２⑦一）

イ	居住用財産を譲渡した場合の長期譲渡所得の課税の特例（措法31の３①）
ロ	居住用財産の譲渡所得の特別控除（措法35①，同条３項を適用する場合を除く。）
ハ	特定の居住用財産の買換えの場合の長期譲渡所得の課税の特例（措法36の２）
ニ	特定の居住用財産を交換した場合の長期譲渡所得の課税の特例（措法36の５）

③ その年の前年以前３年内の年において生じた当該特定居住用財産の譲渡損失の金額以外の特定居住用財産の譲渡損失の金額につき，本特例の適用を受けている場合（措法41の５の２①）

④ その年若しくはその年の前年以前３年内における譲渡につき，以下の特例の適用を受け，若しくは受けている場合（措法41の５の２⑦一）

イ	居住用財産の買換え等の場合の譲渡損失の損益通算及び繰越控除（措法41の５）

12 低未利用土地等を譲渡した場合の特別控除

(1) 概　要（措法35の３）

個人が，都市計画区域内にある土地基本法第13条第４項に規定する低未利用土地又はその上に存する権利（以下，「低未利用土地等」という。）でその年１月１日において所有期間が５年を超えるものを令和２年７月１日から令和７年12月31日までの間に譲渡した場合には，その年中の低未利用土地等の譲渡に係る長期譲渡所得の金額から

100万円（当該長期譲渡所得の金額が100万円に満たない場合には当該長期譲渡所得の金額）を控除することができる。

(2) 低未利用土地等

低未利用土地等であることについて市区町村の長の確認がされたもので，当該低未利用土地等と一筆の土地から分筆された土地又はその土地等の上に存する権利について，その年の前年又は前々年において上記(1)の適用を受けていないもの。

(3) 譲渡後の利用要件

上記(1)の規定は，譲渡後の低未利用土地等の利用についての市区町村の長の確認を受けることが要件となる。

(4) 対象とならない譲渡（措法35の3②，措令23の3②）

その個人の配偶者その他のその個人と一定の特別の関係がある者に対してするもの及びその上にある建物等を含めた譲渡の対価の額が500万円（都市計画法に定める市街化区域その他一定の区域，所有者不明土地対策計画を作成した市町村の区域内の場合には800万円）を超えるものは対象とならない。

13 配偶者居住権等が消滅した場合の譲渡所得の計算

(1) 配偶者居住権を有する配偶者が配偶者居住権等の消滅により対価を受けた場合

配偶者居住権又は配偶者敷地利用権が合意等により消滅し，その消滅の対価として支払を受ける金額に係る譲渡所得の金額の計算上控除する取得費は，被相続人に係る居住用建物又はその建物の敷地の用に供される土地等（以下「居住用建物等」という。）の取得費に配偶者居住権割合等を乗じて計算した金額から，その配偶者居住権等の取得から消滅までの期間に係る金額を控除した金額とする（所法60）。

① 配偶者居住権等割合（所令169の2①③）

以下の算式により計算した割合をいう。

$$\text{配偶者居住権等割合}=\frac{\text{配偶者居住権の設定の時における配偶者居住権又は配偶者敷地権利用権の価額に相当する金額}}{\text{配偶者居住権の設定の時における配偶者居住権の目的となっている建物又はその建物の敷地の用に供される土地等の価額}}$$

② 配偶者居住権等の取得から消滅までの期間に係る金額（所令169の2②④）

配偶者居住権及び配偶者敷地利用権の金額に，これらの権利を取得した時から消滅した時までの期間の年数（6月以上の端数は1年とし，6月未満の端数は切捨て）が，これらの権利の存続年数に占める割合を乗じて計算した金額とする。

(2) 相続等により居住用建物等を取得した相続人が配偶者居住権等の消滅前に当該居住用建物等を譲渡した場合（所法60②）

相続等により居住用建物等を取得した相続人等が，配偶者居住権及び配偶者敷地利用権が消滅する前に当該居住用建物等を譲渡した場合における譲渡所得の金額の計算上控除する取得費は，その居住用建物等の取得費から配偶者居住権又は配偶者敷地利用権の取得費を控除した金額とする。
① 上記の居住用建物等のうち建物の取得費についてはその取得の日から譲渡の日までの期間に係る減価の額を控除する。
② 上記の配偶者居住権又は配偶者敷地利用権の取得費についてその配偶者居住権の取得から譲渡までの期間に係る金額を控除することとする。

14 有価証券の譲渡

(1) 上場株式等と非上場株式等の譲渡損益の関係

平成28年分以後は以下の取扱いとなっている。
① 上場株式等に係る譲渡所得等（措法37の11）
イ 上場株式等の範囲（措法37の11②，措令25の9②～⑩，措規18の10①）

(イ)	国内金融商品取引所に上場されている株式等
(ロ)	外国金融商品市場において売買されている株式等 措法37の12の2②－「上場株式等に係る譲渡損失の損益通算及び繰越控除」に規定する第一種金融商品取引業を行う者への売委託等に限定していないため，国外証券業者による売却も含まれる。
(ハ)	店頭売買登録銘柄として登録された株式
(ニ)	国債及び地方債
(ホ)	外国又はその地方公共団体が発行し，又は保証する債券
(ヘ)	その他一定のもの

ロ 課税関係
他の所得と区分して課税譲渡所得等の金額を計算し，所得税及び復興所得税15.315%，住民税5%を課する。
ハ 上場株式等の譲渡損の取扱い（措法37の11①）
上場株式等に係る譲渡所得等の金額の計算上生じた損失の金額は生じなかったものとみなす。
② 一般株式等に係る譲渡所得等（措法37の10）
イ 一般株式等の範囲
上記①のイに規定している上場株式等以外の株式
ロ 課税関係
他の所得と区分して課税譲渡所得等の金額を計算し，所得税及び復興所得税15.315%，住民税5%を課する。
ハ 一般株式等の譲渡損の取扱い（措法37の10①）
一般株式等に係る譲渡所得等の金額の計算上生じた損失の金額は生じなかったものとみなす。
③ 上場株式等の譲渡所得等の金額と一般株式等の譲渡所得等の金額の通算
上記①のハ，②のハのとおり，それぞれの区分の中で譲渡損失は生じなかったものとみなされるので損益通算は不可となる。

⑵ 上場株式等に係る譲渡損失と分離配当等所得との損益通算，譲渡損失の繰越しの関係

① 上場株式等に係る譲渡損失の金額の範囲

上場株式等に係る譲渡損失の損益通算及び繰越控除の対象となる上場株式等の譲渡損失の金額とは下記のとおりとなる（措法37の12の２②）。

イ	第一種金融商品取引業者又は登録金融機関への売委託による上場株式等の譲渡による譲渡損失の金額
ロ	第一種金融商品取引業者に対する上場株式等の譲渡による譲渡損失の金額
ハ	その他一定の場合

よって，外国証券会社を通じて外国金融証券市場で譲渡した上場株式等の譲渡による譲渡損失は対象となっていないので注意が必要である。

② 外国上場株式等を外国証券会社等を通じて売却した場合の取扱い

外国証券会社を通じて外国金融証券市場において売買されている株式等（ここでは「外国上場株式等」という。）に係る株式の譲渡損失又は譲渡益（ここでは，「外国上場株式等の譲渡損失」又は「外国上場株式等の譲渡益」という。）並びに配当等（ここでは，「外国上場株式等の配当等」という。）に関する取扱いをまとめると以下のとおりとなる。

イ 上場株式等と一般株式等との区分（措法37の10，37の11②一）

外国上場株式等は上場株式等に該当するため，一般株式等との譲渡損益との通算は不可である。

ロ 外国上場株式等の配当等を分離配当等所得とすることの可否（措法８の４，37の12の２①）

分離配当等所得とできる株式等は，租税特別措置法37条の11第２項１号に掲げる株式等としていることから，外国上場株式等の配当等を分離配当等所得とすることができる。

よって，分離配当等所得とした「外国上場株式等の配当等」は，上記①に掲げる上場株式等の譲渡損失の金額との損益通算は可能である。

ハ 他の上場株式等の譲渡益と外国上場株式等の譲渡損失との内部通算の可否（措法37の11①）

租税特別措置法第37条の11第２項に定める他の上場株式等の譲渡益と外国上場株式等の譲渡損失の内部通算は可能であるが，外国上場株式等の譲渡損失が残った場合にはなかったものとされる。

ニ 上記①に掲げる上場株式等に係る譲渡損失の金額と外国上場株式等の譲渡益との内部通算の可否（措法37の12の２②⑥，措令25の11の２，措規18の14の２）

上場株式等に係る譲渡損失の金額と外国上場株式等の譲渡益との内部通算は可能であり，控除しきれなかった金額は繰越控除が可能となる。

ホ 外国上場株式等の譲渡損失と分離配当等所得との損益通算

外国上場株式等の譲渡損失は，上記①に揚げる上場株式等に係る譲渡損失には含まれないため分離配当等所得との損益通算は不可となる。

(3) 譲渡日の規定

① 所得税の取扱い

原則は株式等の引渡しがあった日。ただし，譲渡に関する契約の効力発生日（約定日）によることができる。また，信用取引の場合は決済日基準（措通37の10・37の11共－1）。

② 会計基準

「金融商品会計に関する実務指針」では，約定日基準（指針22）。

③ 法人税の取扱い

原則は譲渡に関する契約の成立した日（約定日）とし，売買目的有価証券，満期保有目的等有価証券，その他有価証券の区分ごとに，その有価証券の引渡しのあった日に計上することができる（法基通２－１－22，２－１－23）。

15 エンジェル税制

(1) 特定中小会社等への投資に関する特例

以下の６つの特例がある。

① 特定新規中小企業者が設立時に発行した株式に関する特例（措法37の13の２）

② 特定新規中小会社が発行した株式を取得した場合の課税の特例（措法41の19）

③ 特定中小会社が発行した株式の取得に要した金額の控除等の特例（措法37の13）

④ 特定中小会社が発行した株式に係る譲渡損失の金額の損益通算の特例（措法37の13の３④）

⑤ 特定中小会社が発行した株式に係る譲渡損失の金額の繰越控除の特例（措法37の13の３⑦）

⑥ 特定中小会社が発行した株式に係る価値喪失損失の金額の特例（措法37の13の３①）

なお，これら以外に，平成20年４月30日以前の払込み取得の株式に対する特例がある（旧措法37の13の３）。

(2) 特定新規中小企業者が設立の際に発行した株式に関する特例（措法37の13の２）

① 制度概要

令和５年４月１日以後に，設立の日以後１年未満の中小企業者である等の一定の要件を満たす特定新規中小企業者により設立の際に発行される株式（「設立特定株式」という）を払込みにより取得した居住者等は，その取得した年分の一般株式等に係る譲渡所得等の金額又は上場株式等に係る譲渡所得等の金額からその設立特定株式の取得に要した金額を控除する（措法37の13の２②，41の18の４②）。

② 選択適用

上記①の制度は，特定中小会社が発行した株式の取得に要した金額の控除等及び特定新規中小会社が発行した株式を取得した場合の課税の特例と選択適用とする。

③ 設立特定株式の取得価額の調整（措令25の12の２⑦）

上記の①の控除金額が20億円以下の場合には，設立特定株式の取得価額に係る調整計算は不要とし，20億円を超えた場合には，特例の適用を受けた金額から20億円を控除した残額について，政令の定めにより一定の計算をした金額を設立特定株式の取得価額から控除する。

⑶　特定新規中小会社が発行した株式を取得した場合の課税の特例（措法41の19）

特定新規中小会社（設立の日以後５年未満その他一定の要件を満たす会社）により発行される株式を払込みにより取得した場合の特定新規株式の取得に要した金額のうち一定の金額（800万円（沖縄新興特措法指定会社で一定の場合には1,000万円）を限度）について寄附金控除ができる。➡p.99

なお，本特例には，上記⑵③で手当された控除額20億円までの取得価額の調整不要の特例は手当されていない。

⑷　特定株式（措法37の13①一～三）

特定中小会社（設立の日以後10年未満その他一定の要件を満たす会社）により発行される株式を以下の方法により払込みにより取得したもの

①　当該特定中小会社より取得

②　投資事業有限責任組合契約に従って取得

③　金融商品取引法に規定する第一種少額電子募集取扱業者が行う電子募集により取得

④　沖縄振興特措法指定会社より取得

⑸　適用対象とならない取得

現物出資，転換社債の転換権の行使，相対での売買など金銭の払込み以外の方法により取得した場合や，措法29の２に定める「特定の取締役等が受ける新株予約権の新株予約権の行使による株式取得に係る経済的利益の非課税等」の特例（いわゆる「ストックオプション税制」）の適用により取得した場合は対象とならない。

⑹　特定中小会社が発行した株式の取得に要した金額の控除等の特例（措法37の13）

①　株式等に係る譲渡所得からの控除（措令25の12②一）

その年分の一般株式等に係る譲渡所得等又は上場株式等に係る譲渡所得等の金額の計算上，特定株式の取得に要した金額を控除できる。この場合，一般株式等に係る譲渡所得等の金額の計算上控除し，なお控除しきれない金額がある場合には，上場株式等に係る譲渡所得等を限度として控除する。

②　特例の適用を受けた後の特定株式の取得価額の調整（措令25の12⑧）

令和５年４月１日以後の払込みによる取得分から，特例の適用を受けた金額が20億円以下の場合には，特定株式の取得価額に係る調整計算は不要とし，20億円を超えた場合には，特例の適用を受けた金額から20億円を控除した残額について，政令の定めにより一定の計算をした金額を特定株式の取得価額から控除する。

⑺　特定中小会社が発行した株式に係る譲渡損失の金額の損益通算の特例（措法37の13の３④）

確定申告書を提出する居住者等の特定株式に係る譲渡損失の金額がある場合には，当該譲渡損失の金額をその確定申告書に係る年分の上場株式等に係る譲渡所得等の金額を限度として，当該年分の当該上場株式等に係る譲渡所得等の金額の計算上控除することができる。

(8) 特定中小会社が発行した株式に係る譲渡損失の金額の繰越控除の特例（措法37の13の3⑦）

確定申告書を提出する居住者等が，その年の前年以前3年内の各年において生じた特定株式に係る譲渡損失の金額を有する場合には，その確定申告書に係る年分の一般株式等に係る譲渡所得等の金額及び上場株式等に係る譲渡所得等の金額を限度として，当該年分の当該一般株式等に係る譲渡所得等の金額及び上場株式等に係る譲渡所得等の金額の計算上控除することができる。

(9) 特定中小会社が発行した株式に係る価値喪失損失の金額の特例（措法37の13の3①）

特定中小会社の特定株式を払込みにより取得した居住者等について，その取得の日から当該特定中小会社の株式の上場等の日の前日までの期間に，その特定株式が株式としての価値を失ったことによる損失が生じた場合として一定の事実が発生したときは，当該事実が発生したことを当該特定株式の譲渡とみなし，当該価値喪失による損失を当該特定株式の譲渡損失とみなして，その年分の一般株式等に係る譲渡所得等の金額の計算上，当該損失の金額を一般株式等に係る譲渡所得等の金額から控除することができる。

8　一時所得・雑所得

1　ふるさと納税返礼品の経済的利益

⑴　所得区分

地方公共団体へふるさと納税を行って，当該地方公共団体から返礼品を受け取った場合には，地方公共団体は法人とされており（地方自治法２①），法人からの贈与と考えられることから一時所得に該当する（所法34，所基通34－１⑸）。

⑵　経済的利益の額

所得税法上，各種所得の金額の計算上収入すべき金額には，金銭以外の物又はその他経済的利益が含まれることから，地方自治体から返礼品として受領した特産品等についても，その特産品等の時価相当額が収入すべき金額となる。

⑶　収入すべき時期

一時所得の収入すべき時期は，その支払を受けた日とする。ただし，その支払を受けるべき金額がその日前に支払者から通知されているものについては，その通知を受けた日とする（所基通36-13）。

よって，特産品が到着した日又は，地方公共団体より通知を受けた日の属する年の収入金額となる。

⑷　所得計算

その年に他に一時所得がない場合には，以下の算式により計算される。

一時所得＝（その年に受け取った又は通知を受けた返礼品の時価合計額）－（その収入を得るために支出した金額の合計額）－50万円

⑸　具体的な対応方法

現在，総務省では，各地方公共団体に対して高額返礼品の見直しを要請しており，納税者側においても，ふるさと納税による返礼品に係る経済的利益を適切に収入金額に含めて計算することが必要となっている。

よって，他に一時所得がない場合には，50万円を超える返礼品を受け取った場合には一時所得による申告が必要となる。

この評価は容易ではないが，地方自治体によってはふるさと納税に対する返礼率を明示しているところもあり，又，総務省でも３割を超える高額返礼自治体を調査して公表していることから，たとえば，返礼率が３割の自治体とすると，167万円を超えるふるさと納税を行った場合には，一時所得の総収入金額が特別控除額を超えるため，一時所得の申告が必要となる（1,670千円×0.3＝501千円）。

2　家内労働者等の必要経費の特例（措法27）

家内労働法２条２項に規定する家内労働者，外交員，その他継続的に人的役務を提供することを業務としている者が，事業所得又は雑所得を有する場合であって，これらの所得に係る必要経費の金額の合計額が55万円（その者が給与所得を有している場合には，55万円から給与所得控除額を控除した残額。以下同じ。）に満たない場合には，55万円を事業所得又は雑所得に区分して必要経費（事業所得に係る総収入金額又は公的年金等以外の雑所得に係る総収入金額を限度する。）とすることができる。

⑴　本特例の適用対象者（措法27，措令18の２①）

家内労働法２条２項に規定する家内労働者，外交員，集金人，電力量計の検針人，特定の者に対して継続的に人的役務の提供を行うことを業務とする者とする。

⑵　事業所得又は雑所得のいずれか一方を有する場合の必要経費の計算（措令18の２①）

55万円（その者が給与所得を有している場合には，55万円から給与所得控除額を控除した残額。）を必要経費とする。

⑶　事業所得と雑所得の両方を有する場合のそれぞれの必要経費の計算（措令18の２②）

以下の手順により計算する。

① 最初に，55万円のうち，所得税法の規定による事業所得の必要経費に相当する金額に達するまでの金額を事業所得の必要経費とする。
② 次に，55万円から①で事業所得の必要経費としたものを控除した残額を雑所得の必要経費とする（雑所得の総収入金額を限度とする。）。
③ 55万円から①及び②で計算した金額を控除して，なお残額がある場合には，その残額を事業所得の必要経費とする。

3　高額雑所得収入がある場合等の取扱い

⑴　現金主義による所得計算の特例（所法67②，所令196の２，196の３）

その年の前々年の雑所得を生ずべき業務に係る収入金額が300万円以下である個人は，その年分の当該業務に係る雑所得の金額（山林の伐採又は譲渡に係るものを除く。）の計算上生じた総収入金額及び必要経費に算入すべき金額を当該業務につきその年において収入した金額及び支出した費用とすることができる特例（いわゆる「現金主義による所得計算の特例」）を適用することができる。

⑵　現金預金取引等関係書類の保存義務（所法232②，所規102⑦）

その年の前々年の雑所得を生ずべき業務に係る収入金額が300万円超である個人は，現金預金取引等関係書類を起算日[(注)]から５年間，その者の住所地又は居所地に保存しなければならない。

（注）　起算日とは，現金預金取引等関係書類の作成又は受領の日の属する年の翌年３月15日の翌日をいう。

⑶　確定申告添付書類（所法120⑥）

その年の前々年の雑所得を生ずべき業務に係る収入金額が1,000万円を超える個人が確定申告書を提出する場合には，当該業務に係るその年中の総収入金額及び必要経費の内容を記載した書類を当該確定申告書に添付しなければならない。

4　業務に係る雑所得の判断基準

⑴　改正の概要

令和４年10月の所得税基本通達の改正により，事業所得や山林所得と業務に係る雑所得の区分判定に関しての所得税基本通達35-２が公表され，以下の判断基準が示された。

①　事業所得と認められるかどうかは，その所得を得るための活動が，社会 通念上事業と称するに至る程度で行っているかどうかで判定する。

②　その所得に係る取引を記録した帳簿書類の保存がない場合には，業務に係る雑所得（資産（山林を除く。）の 譲渡から生ずる所得については，譲渡所得又はその他雑所得）に該当する。

③　ただし，その所得に係る収入金額が300万円を超え，かつ，事業所得と認められる事実がある場合には，帳簿書類の保存がない事実のみで，所得区分を判定せず，事業所得と認められる事実がある場合には，事業所得と取り扱う。

⑵　個別に判断される事例

当該通達改正に関する国税庁の解説によれば，帳簿書類の保存があったとしても，以下のようなケースでは個別に所得区分を判断するとしている。

①　その所得の収入金額が僅少と認められる場合

例えば，その所得の収入金額が，例年，300万円以下で主たる収入に対する割合が10％未満の場合は，「僅少と認められる場合」に該当すると考えられる。

（注）「例年」とは，概ね３年程度の期間をいう。

②　その所得を得る活動に営利性が認められない場合

その所得が例年赤字で，かつ，赤字を解消するための取組を実施していない場合は，「営利性が認められない場合」に該当すると考えられる。

（注）「赤字を解消するための取組を実施していない」とは，収入を増加させる，あるいは所得を黒字にするための営業活動等を実施していない場合をいう。

第3編　消費税の経理方法

消費税等の税込経理方式及び税抜経理方式については，「消費税法等の施行に伴う所得税の取扱いについて」（平成元．3．29直所3－8（以下「同通達」という。））において，下記としている。

1　2以上の所得を生ずべき業務を行っている場合（同通達「2（注）1」）

不動産所得，事業所得，山林所得又は雑所得（以下「事業所得等」という。）を生ずべき業務のうち2以上の所得を生ずべき業務を行う場合には，当該所得の種類を異にする業務ごとに，税抜方式又は税込方式のいずれかの方式によることができるものとする。

2　事業の用に供していた資産の譲渡所得の計算を行う場合（同通達「2（注）2」）

譲渡所得の基因となる資産の譲渡で消費税が課されるものに係る経理処理については，当該資産をその用に供していた事業所得等を生ずべき業務と同一の方式によるものとする。

3　売上等について「税抜方式」を選択している場合の固定資産及び経費等の経理方式の選択（同通達「3」）

個人事業者が売上等の収入に係る取引について税抜方式を選択している場合には，以下の区分に従って，いずれか一方の区分の取引について税込方式を選択することができる。

区　　分		選択方法		
固定資産等の取得	棚卸資産及び山林	税抜方式	又は	税込方式
	固定資産			
	繰延資産			
経費等	販売費，一般管理費等（山林の伐採費及び譲渡に要した費用を含む。）	税込方式		税抜方式

→ いずれか一方の取引に税込方式を適用できる

さらに，棚卸資産及び山林の取得に係る取引については，継続適用を条件として，固定資産及び繰延資産と異なる方式が選択できる。

<table>
<tr><th colspan="2">区　　分</th><th colspan="3">選択方法</th><th></th></tr>
<tr><td rowspan="3">固定資産等の取得</td><td>棚卸資産及び山林</td><td>税込方式</td><td rowspan="4">又は</td><td>税抜方式</td><td>→ 固定資産，繰延資産と異なる方式を選択できる</td></tr>
<tr><td>固定資産</td><td rowspan="2">税抜方式</td><td rowspan="2">税込方式</td><td rowspan="3">→ いずれか一方の取引に税込方式を適用できる</td></tr>
<tr><td>繰延資産</td></tr>
<tr><td>経費等</td><td>販売費，一般管理費等（山林の伐採費及び譲渡に要した費用を含む。）</td><td>税込方式</td><td>税抜方式</td></tr>
</table>

第４編　外貨建取引の換算等

1　外貨建取引とは（所法57の３①）

外国通貨で支払いが行われる資産の販売及び購入，役務の提供，金銭の貸付け及び借入れその他の取引をいう。

よって，債権債務の金額が外国通貨で表示されている場合であっても，その支払が本邦通貨により行われることとされているものは，ここでいう外貨建取引には該当しない（所基通57の３－１）。

2　外貨建取引等の換算の基本（所法57の３①，所基通57の３－２）

外貨建取引の金額の円換算額は，当該外貨建取引を行った時における外国為替の売買相場により換算した金額とする。

具体的には，その取引を計上すべき日（以下，この章において，「取引日」という。）における対顧客直物電信売相場（TTS）と対顧客直物電信買相場（TTB）の仲値（TTM）による。

3　外国為替相場の金融機関の選択（所基通57の３－２（注）１）

電信売相場，電信買相場及び電信売買相場の仲値については，原則として，その者の主たる取引金融機関のものによることとするが，合理的なものを継続して使用している場合には，これを認めるとしている。

4　取引日に外国為替相場がない場合（所基通57の３－２（注）３⑴）

当該日に為替相場がない場合には，同日前の最も近い日の為替相場による。

5　不動産所得等を生ずべき業務に係る所得計算上の特例（所基通57の３－２）

不動産所得，事業所得，山林所得又は雑所得を生ずべき業務に係るこれらの所得の金額（以下，「不動産所得等の金額」という。）の計算においては，継続適用を条件として，以下の方法によることができる。

⑴　特例計算が可能な所得区分

イ	不動産所得
ロ	事業所得
ハ	山林所得
ニ	雑所得

(2) TTBないしTTSの選択特例

	区分	選択可能な相場	要件	原則相場
イ	売上その他の収入	電信買相場（TTB）	継続適用が条件	電信売買相場の仲値（TTM）
	資産			
ロ	仕入その他の経費（原価及び損失を含む。）	電信売相場（TTS）		
	負債			

(3) 不動産所得等の金額の計算における外国相場の選択特例（所基通57の3－2（注）2）

基本的には，取引日ごとの外国相場により換算する必要があるが，継続適用を条件に下記方法も認められる。

	選択可能な相場日	適用可能な期間	要件
イ	取引日の属する月の前月の末日	取引日の属する月	継続適用が要件
ロ	取引日の属する月の初日		
ハ	取引日の属する月の前月の平均相場		
ニ	取引日の属する週の前週の末日	取引日の属する週	
ホ	取引日の属する週の初日		
ヘ	取引日の属する週の前週の平均相場		

6　譲渡所得の金額の円換算（所基通57の3－2（注4））

原則的には，上記**2**「外貨建取引等の換算の基本」により，譲渡価額，取得価額及び譲渡費用については，当該取引日のTTMにより換算することになる。

ただし，譲渡代金として受領した外国通貨をその受領後直ちに売却して本邦通貨を受け入れている場合には，電信買相場（TTB）により円換算した金額を譲渡価額とし，また，本邦通貨により外国通貨を購入し直ちに資産の取得費用や譲渡費用の支払に充てている場合には，電信売相場（TTS）により円換算した金額を取得価額及び譲渡費用とすることができる。

7　多通貨会計を採用している場合の外貨建取引の換算（所基通57の3－3）

不動産所得等の金額の計算において，外貨建取引を取引発生時には外国通貨で記録し，各月末等の一定の時点において損益計算書又は収支内訳書の項目を本邦通貨に換算するといういわゆる多通貨会計を採用している場合で，各月末等の規則性を有する1月以内の一定期間ごとの一定時点において本邦通貨への換算を行い，当該一定の時点を当該外貨建取引に係る取引発生時であるものとすることができる。この場合，円換算に係る為替相場については，当該一定期間を基礎として計算した平均値も使用することができる。

8 先物外国為替契約等がある場合の特例

(1) 適用対象者

不動産所得等を生ずべき業務を行う者

(2) 売掛金や買掛金等の資産又は負債の金額の円換算額を確定させた場合（所法57の3②）

外貨建取引によって取得し，又は発生する売掛金，買掛金等の資産若しくは負債の金額の円換算額を先物外国為替契約等により確定させた場合において，当該先物外国為替契約等の締結の日においてその旨をその者の当該業務に係る帳簿書類等に記載したときは，その確定させた円換算額をもって，各年分の不動産所得等の金額を計算する。

(3) 外貨建取引に係る売上その他の収入又はその他の経費の円換算額を確定させた場合（所基通57の3－4）

外貨建取引に係る収入又は経費等について，その計上を行うべき日までに，その収入又は経費の額に係る本邦通貨の額を先物外国為替契約等により確定させている場合で，上記②と同様に当該先物外国為替契約等の締結の日において，その旨をその者の当該業務に係る帳簿書類等に記載したときは，その確定させた本邦通貨の額をもって，その円換算額とすることができる。

(4) 売掛金や買掛金等の資産又は負債について受け取り又は支払う外国通貨の金額の円換算額を確定させた場合（所令167の6①）

外貨建資産，負債（上記(2)の規定の適用を受けるものを除く。）の取得又は発生の基因となる外貨建取引に伴って支払い，又は受け取る外国通貨の金額の円換算額を先物外国為替契約等により確定させ，かつ，その先物外国為替契約の締結の日においてその旨をその者の当該業務に係る帳簿書類等に記載したとき場合は，その外貨建資産・負債については，その円換算額をもって，所得税法57条の3第1項（外貨建取引の換算）の規定により換算した金額とすることができる。

9 外国通貨で支払を受けた利子等を外国通貨で交付する場合の邦貨換算（措通3の3－6）

支払の取扱者が支払代理機関等から外国通貨によって国外公社債等の利子等の支払を受け，当該国外公社債等の利子等を居住者又は内国法人に外国通貨で交付する場合には，当該支払を受けた外国通貨の金額（支払を受けた際に源泉徴収された外国所得税の額があるときは，当該金額を加算した金額）を，次に掲げる国外公社債等の利子等の区分に応じ，それぞれ次に掲げる日における当該支払の取扱者の主要取引金融機関（その支払の取扱者がその外国通貨に係る東京外国為替市場の対顧客直物電信買相場を公表している場合には，当該支払の取扱者）の当該外国通貨に係る東京外国為替市場の対顧客直物電信買相場（TTB）により邦貨に換算した金額を租税特別措置法3条の3第3項に規定する「交付をする金額」として同項の規定を適用する。

① 記名の国外公社債等の利子等……支払開始日と定められている日
② 無記名の国外公社債等の利子等……現地保管機関等が受領した日

（注１） 上記②の無記名の国外公社債等の利子等については，現地保管機関等からの受領の通知が著しく遅延して行われる場合を除き，支払の取扱者が当該通知を受けた日を邦貨換算日として差し支えない。

（注２） 国外一般公社債等の利子等に係る所得税の額から控除する外国所得税の額の邦貨換算については，当該国外一般公社債等の利子等に係る邦貨換算日における電信買相場によるものとする。

（注３） 国外一般公社債等の利子等以外の国外公社債等の利子等の額から控除する外国所得税の額の邦貨換算については，当該国外公社債等の利子等に係る邦貨換算日における電信買相場によるものとする。

10　外国通貨で支払を受けた配当等を外国通貨で交付する場合の邦貨換算（措通９の２－２）

租税特別措置法９条の２第１項に規定する支払の取扱者が同項に規定する国外株式の配当等の支払をする者又はその支払を代理する機関から外国通貨によって国外株式の配当等の支払を受け，当該国外株式の配当等を居住者又は内国法人に外国通貨で交付する場合には，当該交付をする外国通貨の金額を，次に掲げる国外株式の配当等の区分に応じ，それぞれ次に掲げる日における当該支払の取扱者の主要取引金融機関（その支払の取扱者がその外国通貨に係る東京外国為替市場の対顧客直物電信買相場を公表している場合には，当該支払の取扱者）の当該外国通貨に係る東京外国為替市場の対顧客直物電信買相場（TTB）により邦貨に換算した金額を同条２項に規定する「交付をする金額」として同項の規定を適用する。

①　記名の国外株式の配当等……支払開始日と定められている日

②　無記名の国外株式の配当等……現地保管機関等が受領した日

（注１） 上記②の規定の適用に当たっては，措通３の３－６の（注１）の取扱いを準用する。

（注２） 国外株式の配当等から控除する外国所得税の額の邦貨換算については，当該国外株式の配当等に係る邦貨換算日における電信買相場によるものとする。

11　外貨で表示されている株式等に係る譲渡の対価の額等の邦貨換算（措通37の10・37の11共－６）

一般株式等に係る譲渡所得等の金額又は上場株式等に係る譲渡所得等の金額の計算に当たり，株式等の譲渡の対価の額が外貨で表示され当該対価の額を邦貨又は外貨で支払うこととされている場合の当該譲渡の価額は，原則として，外貨で表示されている当該対価の額につき金融商品取引業者と株式等を譲渡する者との間の外国証券の取引に関する外国証券取引口座約款において定められている約定日におけるその支払をする者の主要取引金融機関（その支払をする者がその外貨に係る対顧客直物電信買相場を公表している場合には，当該支払をする者）の当該外貨に係る対顧客直物電信買相場（TTB）により邦貨に換算した金額による。

また，国外において発行された公社債の元本の償還（買入れの方法による償還を除く。）により交付を受ける金銭等の邦貨換算については，記名のものは償還期日における対顧客直物電信買相場により邦貨に換算した金額により，無記名のものは，現地保管機関等が受領した日（現地保管機関等からの受領の通知が著しく遅延して行われる場合を除き，金融商品取引業者が当該通知を受けた日としても差し支えない。）における対顧客直物電信買相場により邦貨に換算した金額による。

なお，取得の対価の額の邦貨換算については，対顧客直物電信売相場（TTS）により，上記に準じて行う。

（注） 株式等の取得の約定日が平成10年３月以前である場合には，外国為替公認銀行の公表した対顧客直物電信売相場によることに留意する。

第５編　損益通算及び純損失・雑損失の繰越控除

1　損益通算できる損失（法69①，令198）

イ	不動産所得
ロ	事業所得
ハ	山林所得
ニ	譲渡所得

2　生活に通常必要な資産と必要でない資産の適用関係

イ	生活に通常必要な資産	不動産	居住用家屋等（注）
		動産	生活に通常必要な動産のうち，下記以外のもの（所令25）
ロ	生活に通常必要でない資産		１個又は１組の価値が30万円を超える貴石，貴金属，書画，美術工芸品等（所令25）
		不動産	居住の用に供しない家屋で主として趣味，娯楽，保養の目的で保有する別荘等（所令178①二）
		動産	①　主として趣味，娯楽，保養の目的で保有するゴルフ会員権等の資産（所令178①二）（平成26年４月１日以後）
			②　競争馬（事業用を除く）その他射こう的行為の手段となる動産
			③　生活の用に供する動産で，生活に通常必要な資産に該当しないもの（所令178①三）

（注）　生活に通常必要な不動産は所得税法上規定されていないが，所令178①二及び下記⑴②の雑損控除の規定により，演繹的に定められている。

⑴　生活に通常必要な資産

①　生活に通常必要な資産（動産）の譲渡による所得は非課税となり，譲渡損はないものとみなす（所法９①九，②一）。

②　生活に通常必要な資産（条文上は，生活に通常必要でない資産，棚卸資産，事業用資産等以外の資産）について，災害，盗難，横領による損失が生じた場合には，雑損控除の適用を受けることができる（所法72①）。また，住宅や家財について災害により損害を受けた場合には，雑損控除と災害減免法のいずれかの適用を受けることができる（災害減免法２，３）。

⑵　**生活に通常必要でない資産**

①　生活に通常必要でない資産に係る所得の金額の計算上生じた損失の金額は，競争馬（事業用を除く。）の譲渡に係るものは，競走馬の保有に係る雑所得を限度として，当該雑所得から控除できるが，それ以外は，他の各種所得の金額と損益通算できない（所法69②，所令178①，200，平成26年改正令附則５）。

②　生活に通常必要でない資産について，災害，盗難，横領による損失が生じた場合には，その損失の金額（保険金等により補填される部分の金額を除く。）は，その損失を受けた日の属する年分又はその翌年分の総合譲渡所得の金額の計算上控除すべき金額とみなす。この当該損失の金額の計算の基礎となる資産の価額は，所得税法38条の規定により，譲渡所得の金額の計算上控除する取得費に相当する金額とする（所法62②，所令178）。よって，仮に別荘について災害により損失が生じた場合であっても，不動産を譲渡したことによる損失ではないため，分離譲渡所得とはならず，総合譲渡所得において計算される。

3　損益通算できない損失

	内容	条文
イ	上記**2**に掲げる「生活に通常必要でない資産」に係る所得の金額の計算上生じた損失 ただし，競争馬（事業用を除く。）の譲渡に係る損失は，当該競争馬の保有に係る雑損失から控除できる。ただし，控除しきれないものは生じなかったものとみなす。	所法69②，所令178①，200，平成26年改正所令附則５
ロ	自己又はその配偶者その他の親族が生活の用に供する家具，じゅう器，衣服などの「生活に通常必要な資産」（一個又は一組の価額が30万円を超える貴石，貴金属，書画，こっとうなどを除く。）の譲渡による所得の計算上生じた損失	所法９①九，②一，所令25
ハ	不動産所得の金額の計算上生じた以下の損失の金額	
	①　上記**2**に掲げる「生活に通常必要でない資産」に該当する別荘等の貸付けに係るもの	所法69②
	②　土地等の取得に係る借入金の利子の額に対応する部分の金額	措法41の４
	③　特定組合員（組合事業に係る重要な財産の処分若しくは譲受け又は組合事業に係る多額の借財に関する業務の執行の決定に関与し，かつ，当該業務のうち契約を締結するための交渉その他の重要な部分を自ら執行する組合員以外の組合員）又は特定受益者（信託の所得税法13条１項に規定する受益者（同条２項の規定により同条１項に規定する受益者とみなされる者を含む。）の組合事業又は信託から生じる不動産所得の損失の金額	措法41の４の２

ニ	一般株式等に係る譲渡所得等の金額の計算上生じた損失	措法37の10①
ホ	上場株式等に係る譲渡所得等の金額の計算上生じた損失（申告分離課税を選択した上場株式等の配当所得（平成28年分以後は，上場株式等の利子所得の金額及び配当所得の金額）を限度として控除はできる。）	措法37の11①，37の12の２①，８の４①
ヘ	一定の居住用財産以外の土地，建物等の譲渡所得の金額の計算上生じた損失	措法31①，32①
ト	先物取引に係る雑所得等の金額の計算上生じた損失	措法41の14①

4　生活に通常必要でない資産（別荘等）の貸付けによる損失の裁決例

自己が別荘として利用しているリゾートマンション等の貸付けによる不動産所得の金額の計算上生じた損失の金額は損益通算の対象とならないとされた事例（平成13年５月30日裁決。他に同様裁決として，昭和59年２月13日裁決）がある。

(1)　基礎事実

①　請求人は，隣接するリゾートホテルと一体運営するホテル用施設として建設された分譲マンションの１室（以下「本件建物」とする。）を取得。

②　請求人及び請求人と生計を一にする親族は，本件建物を居住の用に供していない。

③　請求人は，本件建物をリゾートホテルを運営するＫ社との間で，「土地付区分所有建物売買契約書」，「管理委託契約書」，「土地付建物賃貸借契約書」を締結した。

④　土地付き建物賃貸借契約書においては，以下の定めがある。

イ　請求人及び請求人の指定する者が本件建物を宿泊利用する場合は，利用に伴い税金を除き，料金は無料とする。

ロ　請求人及び請求人の同伴者は，ホテルのオーナーズラウンジを利用できる。

ハ　受取賃料の計算式は，本件建物と同タイプの客室のオーナーが利用しない期間の一般客の平均利用料金を基礎に，オーナーの利用回数に応じて変動する仕組みとなっている。

⑤　請求人は，本件建物を自己で利用した実績があること。

(2)　審判所の判断

審判所は，本件事案について，「所得税法62条１項及び同法施行令178条１項２号の規定によれば，生活に通常必要でない不動産とは，「通常自己及び自己と生計を一にする親族が居住の用に供しない家屋で主として趣味，娯楽又は保養の用に供する目的で所有するものその他主として趣味，娯楽，保養又は観賞の目的で所有する資産」と規定されているところ，同号に規定する家屋とは，特定の時期又は期間に限り個人の趣味，娯楽又は保養の目的で臨時的に利用するいわゆる別荘その他の家屋と解される。そして，当該家屋が主として保養等の目的で所有するものであるか否かは，その不動産の性質及び状況，所有者がその不動産を取得するに至った経緯，その不動産により所有者が受け又は受けることができた利益及び所有者が負担した支出ないし負担の性質，内容，程度等の諸般の事情を総合的に勘案し，所有者の主観的な意思によることなく，客観的にその主たる所有目的を判断するのが相当である。」という判断基準を示した。

具体的には，下記項目について判断した上で，「本件建物の性質及び状況等の諸般の事情を総合的に勘案し，客観的にみれば，請求人は，本件建物を主として保養等の目的で所有していたものと認めるのが相当であり，本件建物は，生活に通常必要でない不動産に該当すると判断される。」とした。

イ	取得した不動産別荘等と同様に，取得した者の保養等の用に供しえる性質を有しているか否か
ロ	賃貸借契約において，貸主であるオーナーに，本件建物について，一般客に優先して利用できる権利が付与されているか否か
ハ	賃借料の計算式が，貸主であるオーナーの利用頻度に応じて逓減する仕組みとなっているか否か
ニ	毎年の収支のバランスが大幅にマイナスとなっており，特に，賃料が管理費にも満たないなど，不動産賃貸業として経済合理性があると言えるか否か

5　損益通算の順序

(1)　第１次通算

①　経常所得グループ内での損益通算（所令198一，199一）

不動産所得の金額又は事業所得の金額の計算上生じた損失の金額は，他の経常所得の金額（利子，配当，不動産，事業，給与，雑）から控除する。

ただし，不動産所得の損失の金額又は事業所得の損失の金額のうちに，以下のものがある場合には，A→B→Cの順序で差し引く。

A　その他の損失

B　被災事業用資産の損失

C　変動所得の損失の金額

②　総合譲渡所得の損失の金額の損益通算（所令198二）

まず，一時所得の金額（特別控除後で１/２前）から控除する。

(2)　第２次通算

①　経常所得の金額が上記(1)①によっても赤字の場合の損益通算（所令198三）

A→B→Cの順序で差し引く。

A　総合課税の短期譲渡所得金額（特別控除後）

B　総合課税の長期譲渡所得金額（特別控除後かつ１/２前）

C　一時所得の金額（特別控除後で１/２前）

②　上記(1)②によっても赤字の場合の損益通算（所令198四）

経常所得の金額から順次差し引く。

(3)　第３次通算

①　(2)①又は②によっても引き切れない損失の損益通算（所令198五）

A→Bの順序で差し引く。

A　山林所得の金額（特別控除後）

B　退職所得の金額（1/2後）

②　山林所得の金額が赤字の場合の損益通算（所令198六）

A→B→C→D→E→Fの順序で差し引く。

A　経常所得の金額

B　総合課税の短期譲渡所得金額（特別控除後）

C　総合課税の長期譲渡所得金額（特別控除後かつ1/2前）

D　一時所得の金額（特別控除後で1/2前）

E　退職所得の金額（1/2後）

6　純損失の繰越控除又は繰戻還付，雑損失の繰越控除

(1)　純損失

純損失とは，上記**5**により，不動産所得，事業所得，譲渡所得及び山林所得の損失の金額について，損益通算を行ってもなお控除しきれなかった部分の金額をいう（所法2①二十五，69①）。

青色申告書を提出している年に係る純損失は，翌年以降3年以内の所得金額から控除することができる（所法70①）。また，前年においても青色申告書を提出している場合には，その年の純損失の金額（青色申告要件あり）を前年分の所得金額から控除して，減少した税額の還付を行うことができる（所法140）。

また，白色申告書を提出する年に係る純損失であっても，変動所得の損失及び被災事業用資産の損失については，3年間の繰越控除ができる（所法70②）。

(2)　雑損失

雑損失とは，次編に記する雑損控除の対象となる控除額のうち，その年において控除しきれなかった損失の金額をいう（所法2①二十六，72①）。雑損失は，翌年以降3年間の所得金額から繰越控除できる（所法71）。

7　特定非常災害に係る純損失の繰越控除及び雑損失の繰越控除

(1)　特定非常災害に係る純損失の繰越控除（所法70の2，所令203の2）

特定非常災害の被害者の権利利益の保全等を図るための特別措置に関する法律の規定により特定非常災害として指定された非常災害により，棚卸資産や事業用資産等について損害を受けた場合には，損害の程度及び青色申告等の選択の有無に応じて，純損失のうち，下記の金額について繰越期間を5年に延長する。

①　青色申告者で，その有する事業用資産等の価額のうちに占める事業資産（又は不動産等）特定災害損失額の割合が10%以上の場合（所法70の2①）

特定非常災害が発生した年の純損失の金額

②　白色申告者で，その有する事業用資産等の価額のうちに占める事業資産（又は不動産等）特定災害損失額の割合が10%以上の場合（所法70の2②）

特定非常災害発生年において生じた純損失の金額のうち，変動所得の金額の計算上生じた損失の金額及び被災事業用資産の損失の金額に係るもの

③　①及び②以外の場合（その有する事業用資産等の価額のうちに占める事業資産特

定災害損失額の割合が10％未満の場合）（所法70の２③）

被災純損失金額（その年の純損失の金額のうち，事業用資産等について特定非常災害により生じた損害額の合計額に係るものとして政令で定めるもの）

⑵　**特定非常災害に係る雑損失の繰越控除**（所法71の２，所令204の２）

居住者等が有する雑損控除の対象資産について，特定非常災害による損失金額（「特定雑損失金額」という）を有する場合には，当該特定雑損失金額についての繰越期間は５年となる。

第6編　所得控除

1　雑損控除（所法72，所令205，206，災免法2，災免令1）

1　控除額

次のいずれか大きい金額

① （損害金額＋災害等関連支出の金額－保険金等の額）－総所得金額等×10％

② （災害関連支出の金額－保険金等の額）－5万円

災害関連支出	災害により滅失した住宅，家財などを取壊しまたは除去するために支出した金額等
災害等関連支出	盗難や横領により損害を受けた資産の原状回復のための支出等

2　対象となる損害

① 震災，風水害，冷害，雪害，落雷など自然現象の異変によるもの

② 火災，火薬類の爆発など人為による異常な災害

③ 害虫などの生物による異常な災害

④ 盗難

⑤ 横領（詐欺，恐喝は対象外）

3　対象者

納税者本人，納税者と生計を一にする配偶者その他の親族でその年の総所得金額等が48万円以下の者

4　対象資産

棚卸資産，事業用固定資産等，生活に通常必要でない資産 ➡p.93 のいずれにも該当しない資産。不動産所得，山林所得又は雑所得の用に供される業務用資産については，資産損失との選択ができる。 ➡p.19

5　災害減免法との選択適用

上記3の者が有する住宅や家財に対する上記2①から③に示す災害による損害金額（保険金などにより補填される金額を除く。）がその時価の2分の1以上で，かつ，災害にあった年の所得金額の合計額が1,000万円以下のときは，雑損控除に代えて，災害減免法による所得税等の軽減又は免除を受けることができる。

合計所得金額	軽減又は免除される所得税の額
500万円以下	所得税の額の全額
500万円超750万円以下	所得税の額の2分の1
750万円超1,000万円以下	所得税の額の4分の1

2　寄附金控除

1　控除額（所法78①）

次の①又は②のいずれか低い金額－2,000円＝寄附金控除額

① その年に支出した特定寄附金の額の合計額

② その年の総所得金額等×40％

2　特定寄附金（所法78，措法41の18，41の18の２，41の18の３，41の19，令和２年改正法附則74③）

特定寄附金の範囲	税額控除の選択
① 国，地方公共団体に対する寄附金	
② 公益社団法人，公益財団法人等に対する寄附金で財務大臣が指定したもの	A
③ 特定公益増進法人に対するその法人の主たる目的である業務に関連する寄附金	
④ 特定公益信託のうち，その目的が公益の増進に著しく寄与するものとして主務大臣の認定を受けたものの信託財産とするために支出した金銭	
⑤ 政治活動に関する寄附金のうち，一定のもの	B
⑥ 認定特定非営利法人等に対する寄附金のうち，一定のもの	C
⑦ 特定新規中小会社（設立の日以後５年未満その他一定の要件を満たす会社）により発行される株式を払込みにより取得した場合の特定新規株式の取得に要した金額のうち一定の金額（800万円（沖縄新興特措法指定会社で一定の場合には1,000万円）を限度）	

A　公益社団法人等に寄附をした場合の所得税額の特別控除（措法41の18の３）

（［その年中に支出した公益社団法人等のうち一定のもの（注１）に対する寄附金の額の合計額（注２）］－２千円（注３））×［40％］＝［税額控除限度額（100円未満端数切捨て）］

（注１）公益社団法人等のうち，その運営組織及び事業活動が適正であること並びに市民から支援を受けていることにつき一定の要件を満たすものをいう（措令26の28の２①②）。

（注２）他に寄附金控除の適用を受ける特定寄附金等がある場合で，その年中に支出した公益社団法人等に対する寄附金の合計額にその年中に支出した特定寄附金の額の合計額を加算した金額がその年分の総所得金額等の合計額の40％相当額を超える場合には，その40％相当額から寄附金控除対象寄附金の額を控除した残額となる。

（注３）　寄附金控除の適用を受ける特定寄附金等の額がある場合には，２千円からその寄附金控除の適用を受けた特定寄附金等の額の合計額を控除した残額となる。

B　政治活動に関する寄附をした場合の所得税額の特別控除（措法41の18①②）

（［その年中に支出した政党等に対する寄附金の額の合計額（注１）］－２千円（注２））×［30％］＝［税額控除限度額（100円未満端数切捨て）］

（注１）　上記Ａの（注２）の「公益社団法人等に対する寄附金」を「政治活動に関する寄附金」と読み替える。

（注２）　上記Ａの（注３）と同じ。

C　認定特定非営利活動法人等に寄附をした場合の所得税額の特別控除（措法41の18の２②）

（［その年中に支出した認定特定非営利活動法人等に対する寄附金の額の合計額（注１）］－２千円（注２））×［40％］＝［税額控除限度額（100円未満端数切捨て）］

（注１）　上記Ａの（注２）の「公益社団法人等に対する寄附金」を「認定特定非営利法人等に対する寄附金」と読み替える。

（注２）　上記Ａの（注３）と同じ。

3　生命保険料控除（所法76）

1　新契約（平成24年１月１日以後の契約）に係る控除額

年間の支払保険料等の額	控除額
20,000円以下	支払保険料等の額
20,000円超40,000円以下	支払保険料等の額×１／２＋10,000円
40,000円超80,000万円以下	支払保険料等の額×１／４＋20,000円
80,000円超	40,000円

区分	限度額
新生命保険料控除	40,000円
介護医療保険料控除	40,000円
新個人年金保険料控除	40,000円
合計	120,000円

2　旧契約（平成23年12月31日以前の契約）に係る控除額

年間の支払保険料等の額	控除額
25,000円以下	支払保険料等の額
25,000円超50,000円以下	支払保険料等の額×1/2+12,500円
50,000円超100,000万円以下	支払保険料等の額×1/4+25,000円
100,000円超	50,000円

区分	限度額
旧生命保険料控除	50,000円
旧個人年金保険料控除	50,000円
合計	100,000円

3　1と2の重複加入の場合の控除額

① 新生命保険と旧生命保険に加入の場合

　A　旧生命保険料の年間保険料等の額が60,000円超の場合
　　上記2で計算した金額（最高50,000円）

　B　旧生命保険料の年間保険料等の額が60,000円以下の場合
　　上記1と2でそれぞれ計算した金額（最高40,000円）

② 新個人年金保険と旧個人年金保険に加入の場合
　上記①と同様に計算

③ 上記によりそれぞれ計算した控除額の合計限度額は，120,000円

4　地震保険料控除（法77）

区分	年間保険料の合計	控除額
①　地震保険料	50,000円以下	支払金額相当額
	50,000円超	50,000円
②　旧長期損害保険料	10,000円以下	支払金額相当額
	10,000円超 20,000万円以下	支払金額×1/2+5,000円
	20,000円超	15,000円
③　①と②の両方がある場合	−	①と②で計算した金額の合計額 （最高50,000円）

（注）　旧長期損害保険料：以下の要件を満たすもの

・平成18年12月31日までに締結した契約（保険期間または共済期間の始期が平成19年１月１日以後のものは除く）
・満期返戻金等のあるもので保険期間または共済期間が10年以上の契約
・平成19年１月１日以後にその損害保険契約等の変更をしていないもの

5　小規模企業共済等掛金控除（所法75，所令208の２）

1　掛金の種類

①	小規模企業共済法２条２項に規定する共済契約に基づく掛金
②	確定拠出年金法３条３項７号の２に規定する企業型年金加入者掛金又は同法55条２項４号に規定する個人型年金加入者掛金
③	所得税法９条１項３号ハ（年金等の非課税）に規定する政令で定める共済制度に係る契約に基づく掛金，具体的には，地方公共団体が実施する，いわゆる心身障害者扶養共済制度として一定の要件を満たしたものの掛金

2　小規模企業共済法２条２項に規定する共済契約

常時使用する従業員（家族従業員を除く。）が20人以下（商業，サービス業（宿泊業，娯楽業を除く。）は５人以下，宿泊業，娯楽業は20人以下。）の個人事業主（配偶者等の共同経営者を含む。）又は同規模の会社の役員等と締結する契約をいう。

3　確定拠出年金法３条３項７号の２に規定する「企業型DC」と確定拠出年金法55条２項４号に規定する「個人型DC」

確定拠出年金は，拠出された掛金が個人ごとに明確に区分され，掛金とその運用収益との合計額をもとに年金給付額が決定される年金制度で，掛金を企業が拠出する企業型DCと加入者自身が拠出する個人型DC（iDeCo：イデコ）がある。

	企業型DC	個人型DC
実施主体	企業型年金規約の承認を受けた企業	国民年金基金連合会
加入できる者	実施企業の従業員	①　自営業者等（国民年金第１号被保険者）
		②　厚生年金保険の被保険者（国民年金第２号被保険者）
		③　国民年金第３号被保険者
掛金の拠出者	事業主が拠出（加入者のマッチング拠出を規約に定めている企業の場合は加入者も拠出可能。）	加入者が拠出（中小事業主掛金納付制度「イデコプラス」を利用する場合には，事業主も拠出が可能。）

4　所得控除限度額

その年に拠出した金額が全額所得控除の対象となる。

種類			拠出限度額（月額）	
			事業者	加入者
小規模企業共済法に規定する共済契約				7万円までの範囲
① 企業型DC	イ	事業主のみが拠出する場合		
	(イ)	厚生年金基金等の確定給付型の年金（DB）を実施していない場合	55,000円	
	(ロ)	厚生年金基金等の確定給付型の年金（DB）を実施している場合	27,500円	
	ロ	加入者も拠出できる場合（加入者の拠出限度額は，上記イの事業者のみが拠出する場合の限度額の範囲内であり，かつ，事業者と同額まで。）（マッチング拠出）		
	(イ)	厚生年金基金等の確定給付型の年金（DB）を実施していない場合		27,500円
	(ロ)	厚生年金基金等の確定給付型の年金（DB）を実施している場合		13,750円
② 個人型DC 「iDeCo」 （事業主掛金納付制度は利用していない場合） （2024年11月までの制度）	イ	国民年金第1号被保険者（注1）		68,000円
	ロ	厚生年金保険の加入者		
	(イ)	厚生年金基金等の確定給付型の年金（DB）のみに加入している場合		12,000円
	(ロ)	企業型DCに加入している場合（注2）		20,000円
	(ハ)	DBと企業型DCに加入している場合（注2）		12,000円
	(ニ)	DBや企業型DCを実施していない場合（(ホ)を除く。）		23,000円
	(ホ)	公務員		12,000円
	(ヘ)	国民年金第3号被保険者		23,000円

（注1）　国民年金基金又は国民年金付加保険料との合算での限度額

（注2）　令和4年10月より，拠出限度額（月額5.5万円（DB併用型は2.75万円））から，企業型DCの事業主拠出金を控除した残余の範囲内で，個人型DC（月額2万円（DB併用型では1.2万円））に加入できる。なお，企業型DCでマッチング拠出している場合は，個人型DCには加入できない。

6　配偶者控除及び配偶者特別控除（所法83，83の２①）

配偶者控除及び配偶者特別控除の適用となる配偶者の年齢及び合計所得全額並びに納税者の合計所得金額は次のとおりである。

	配偶者の年齢	配偶者の合計所得金額（注１）	納税者の合計所得金額（注２）		
			900万円（1,095万円）以下	900万円超950万円（1,145万円）以下	950万円超1,000万円（1,195万円）以下
			所得控除金額（カッコ書きは住民税での控除額）		
配偶者控除	70歳未満	48万円（103万円）以下	38万円（33万円）	26万円（22万円）	13万円（11万円）
	70歳以上		48万円（38万円）	32万円（26万円）	16万円（13万円）
配偶者特別控除	年齢要件無し	48万円超95万円以下（150万円以下）	38万円（33万円）	26万円（22万円）	13万円（11万円）
		95万円超100万円以下（155万円以下）	36万円（33万円）	24万円（22万円）	12万円（11万円）
		100万円超105万円以下（160万円以下）	31万円（31万円）	21万円（21万円）	11万円（11万円）
		105万円超110万円以下（166.8万円未満）	26万円（26万円）	18万円（18万円）	9万円（9万円）
		110万円超115万円以下（175.2万円未満）	21万円（21万円）	14万円（14万円）	7万円（7万円）
		115万円超120万円以下（183.2万円未満）	16万円（16万円）	11万円（11万円）	6万円（6万円）
		120万円超125万円以下（190.4万円未満）	11万円（11万円）	8万円（8万円）	4万円（4万円）
		125万円超130万円以下（197.2万円未満）	6万円（6万円）	4万円（4万円）	2万円（2万円）
		130万円超133万円以下（201.6万円未満）	3万円（3万円）	2万円（2万円）	1万円（1万円）

（注１）　配偶者の合計所得金額欄のカッコ書きは，給与収入に換算した金額
（注２）　納税者の合計所得金額欄のカッコ書きは，給与収入に換算した金額

7　扶養控除（所法84，措法41の16）

1　控除額

控除対象扶養親族（注１）の年齢	納税者又はその配偶者の直系尊属の同居の有無	所得控除額	
		所得税	住民税
16歳以上18歳以下		38万円	33万円
19歳以上22歳以下		63万円	45万円
23歳以上69歳以下		38万円	33万円
70歳以上	非同居	48万円	38万円
	同居（注２）	58万円	45万円

（注１）　納税者と生計を一にする合計所得金額が48万円以下である配偶者以外の親族等
（注２）　納税者又はその配偶者のいずれかと同居を常況としている者

2　日本国外に居住する親族に係る扶養控除（令和５年以後適用）

⑴　概　要（所法２①三十四の二）

非居住者である親族に係る扶養控除の対象となる親族から，年齢30歳以上70歳未満の者であって，次のいずれにも該当しない者を除外する。

①　留学により非居住者となった者
②　障害者
③　その居住者からその年における生活費又は教育費に充てるための支払を38万円以上受けている者

⑵　留学により非居住者となった者に係る添付書類（所法194①七，④）

留学により非居住者となった者について，給与等若しくは公的年金等の源泉徴収，給与等の年末調整又は確定申告の際に扶養控除の適用を受けようとする居住者は，外国政府又は外国の地方公共団体が発行した留学の在留資格に相当する資格をもって在留する者であることを証する書類を提出等し，又は提示しなければならない。

⑶　生活費又は教育費の支払を受けている者に係る添付書類（所法194⑤⑥）

その居住者からその年における生活費又は教育費に充てるための支払を38万円以上受けている者について，給与等若しくは公的年金等の源泉徴収，給与等の年末調整又は確定申告の際に扶養控除の適用を受けようとする居住者は，送金関係書類でその送金額が38万円以上であることを明らかにする書類を提出し，又は提示しなければならない。

8　障害者控除（所法２①二十八，二十九，79，所令10，所基通２-39）

区分	控除額
障害者	27万円
特別障害者	40万円
同居特別障害者（注）	75万円

（注）　居住者の同一生計配偶者又は扶養親族が特別障害者で，かつ，その居住者又はその居住者の配偶者若しくはその居住者と生計を一にするその他の親族のいずれかとの同居を常況としている者

⑴　対象者

居住者，居住者の同一生計配偶者，扶養親族（16歳未満を含む）が障害者に該当する場合。

⑵　障害者の範囲

	区分	障害者	特別障害者
①	精神上の障害により事理を弁識する能力を欠く常況にある人		○
②	児童相談所，知的障害者更生相談所，精神保健福祉センター，精神保健指定医の判定により，知的障害者と判定された人	○	重度と判定された場合
③	精神保健及び精神障害者福祉に関する法律の規定により精神障害者保健福祉手帳の交付を受けている人	○	障害者等級１級
④	身体障害者福祉法の規定により交付を受けた身体障害者手帳に，身体上の障害がある人として記載されている人	○	障害の程度が１級又は２級
⑤	精神又は身体に障害のある年齢が満65歳以上の人で，その障害の程度が①，②又は④に掲げる人に準ずるものとして市町村長等や福祉事務所長の認定を受けている人	○	特別障害者に準ずると認定
⑥	戦傷病者特別援護法の規定により戦傷病者手帳の交付を受けている人	○	恩給法特別項症から第３項症までの場合
⑦	原子爆弾被爆者に対する援護に関する法律の規定により厚生労働大臣の認定を受けている人		○

⑧	その年の12月31日の現況で引き続き6か月以上にわたって身体の障害により寝たきりの状態で，複雑な介護を必要とする（介護を受けなければ自ら排便等をすることができない程度の状態にあると認められる）人	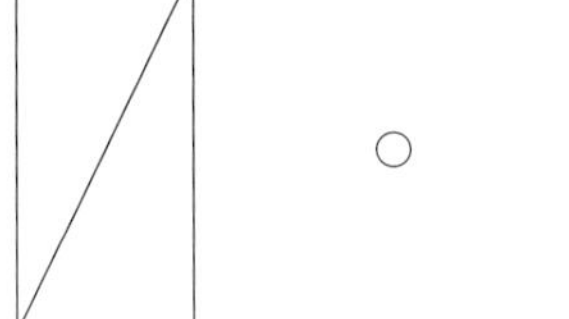	○

9　ひとり親控除（所法2①三十一，81，所令11の2②，所規1の4）

居住者が，現に婚姻をしていない者又は配偶者が行方不明である者のうち次に掲げる要件を満たすもの（寡婦である者を除く。）である場合には，その者のその年分の総所得金額等から35万円を控除する。

① その者と生計を一にする子（総所得金額等の合計額が48万円以下で，他の者の同一生計配偶者又は扶養親族とされている者を除く。）を有すること。

② 合計所得金額が500万円以下であること。

③ 次に掲げる要件に該当しないこと。

イ その者が住民票に世帯主と記載されている者である場合には，その者と同一の世帯に属する者に係る住民票に世帯主との続柄として未届の妻又は未届の夫等の記載がされた者がいないこと。

ロ その者が住民票に記載されている者でない場合には，その者の住民票に世帯主との続柄として未届の妻又は未届の夫等の記載がされていないこと。

その者の所得要件	世帯主であるか否か	その他の要件	総所得金額等が48万円以下の生計を一にする子の有無	控除金額
合計所得金額500万円以下	○	その者と同一世帯の住民票に世帯主との続柄として未届の妻（内縁）又は未届の夫（内縁）の記載がされた者がいないこと	有り	35万円
			無し	−
	×	その者の住民票に世帯主との続柄として未届の妻（内縁）又は未届の夫（内縁）の記載がされていないこと	有り	35万円
			無し	−

10　寡婦控除（所法2①三十，80，所令11，所規1の3）

種別	性別	所得要件	寡婦となった理由	扶養親族の有無	控除額
寡婦控除	女性	合計所得金額500万円以下	離婚	有	27万円
				無	−
			死別，行方不明	有	27万円
				無	27万円

（注）寡婦は，以下のいずれかを満たすことを要する。

① その者が住民票に世帯主と記載されている者である場合には，その者と同一の世帯に属する者に係る住民票に世帯主との続柄として未届の妻その他これらと同一の内容である旨の記載がされた者がいないこと。

② その者が住民票に世帯主と記載されている者でない場合には，その者の住民票に世帯主との続柄として未届の妻その他これらと同一の内容である旨の記載がされていないこと。

11　基礎控除（所法86）

個人の合計所得金額	基礎控除額
2,400万円以下	48万円
2,400万円超2,450万円以下	32万円
2,450万円超2,500万円以下	16万円
2,500万円超	0円

（注）年末調整で基礎控除の適用を受ける場合には，その年最後に給与等の支払を受ける日の前日までに「給与所得者の基礎控除申告書」を提出しなければならない。

12　非居住者の所得控除（所法165）

非居住者に認められる所得控除は，雑損控除，寄附金控除，基礎控除の3種類である。ただし，年の中途で非居住者となった場合には，以下の取扱いとなる。

⑴ 医療費控除，社会保険料控除，小規模企業共済等掛金控除，生命保険料控除又は地震保険料控除の額は居住者期間内に支払った金額により計算

⑵ 配偶者控除，配偶者特別控除，扶養控除，障害者控除，寡婦控除，ひとり親控除又は勤労学生控除については，納税管理人の届出がある場合は，その年の12月31日，納税管理人の届出がない場合は，出国日で判定

13　源泉控除対象配偶者，同一生計配偶者，控除対象配偶者の違い

1　区分（所法２①三十三，三十三の二，三十三の四）

区分	内容
源泉控除対象配偶者	居住者（合計所得金額が900万円（給与所得のみの場合は給与等の収入金額が1,095万円）以下の者に限る。）と生計を一にする配偶者（青色事業専従者として給与の支払を受ける者及び白色事業専従者を除く。）で，合計所得金額が95万円（給与所得のみの場合は給与等の収入金額が150万円）以下の者
同一生計配偶者	居住者と生計を一にする配偶者（青色事業専従者として給与の支払を受ける者及び白色事業専従者を除く。）で，合計所得金額が48万円（給与所得のみの場合は給与等の収入金額が103万円）以下の者
控除対象配偶者	同一生計配偶者のうち，合計所得金額が1,000万円（給与所得のみの場合は給与等の収入金額が1,195万円）以下の居住者の配偶者

<table>
<tr><td>納税者の所得金額</td><td colspan="2">900万円以下</td><td>1,000万円以下</td><td>1,000万円超</td></tr>
<tr><td>配偶者の所得金額</td><td>48万円以下</td><td>95万円以下</td><td colspan="2">48万円以下</td></tr>
<tr><td>納税者との生計区分</td><td colspan="4">同一生計要件あり</td></tr>
<tr><td rowspan="2">配偶者の区分</td><td>同一生計配偶者</td><td></td><td colspan="2">同一生計配偶者</td></tr>
<tr><td colspan="2">源泉控除対象配偶者</td><td>控除対象配偶者</td><td></td></tr>
<tr><td rowspan="3">税の取扱い</td><td colspan="2">源泉徴収時に１名加算</td><td colspan="2">同一生計配偶者が障害者の場合には１名加算</td></tr>
<tr><td>同一生計配偶者が障害者の場合は１名加算</td><td></td><td></td><td></td></tr>
<tr><td colspan="2">配偶者控除又は配偶者特別控除</td><td>配偶者控除</td><td></td></tr>
</table>

2　それぞれの利用区分

① 源泉控除対象配偶者がいる場合には，給与等を支払う際に源泉徴収をする税額計算において扶養親族等の数に１人を加える。

② 同一生計配偶者が障害者に該当する場合には，扶養親族等の数に１人を加える。

③ 源泉控除対象配偶者に該当しない配偶者で控除対象配偶者に該当する場合で配偶者控除を受ける場合又は，控除対象配偶者には該当しないが配偶者特別控除を受ける場合には，その年の最後の給与等の支払を受ける日の前日までに，「給与所得者

の配偶者控除等申告書」を給与等の支払者に提出する必要がある。

3　源泉控除対象配偶者の源泉徴収及び配偶者特別控除の適用関係

(1)　源泉控除対象配偶者の源泉徴収の適用（所法186の２，203の４）

夫婦いずれか一方のみが源泉控除対象配偶者に係る源泉徴収の規定の適用を受ける者とされる。

①　給与所得者の扶養控除等申告書又は従たる給与についての扶養控除等申告書を提出した居住者（以下ここでは「対象居住者」という。）のこれらの申告書に源泉控除対象配偶者である旨の記載がされた配偶者（以下ここでは「対象配偶者」という。）が，当該対象居住者を当該対象配偶者の提出した給与所得者の扶養控除等申告書若しくは従たる給与についての扶養控除等申告書又は公的年金等の受給者の扶養親族等申告書に記載された源泉控除対象配偶者として源泉徴収の規定の適用を受ける場合には，当該対象配偶者は当該対象居住者の提出した給与所得者の扶養控除等申告書又は従たる給与の扶養控除等申告書に当該対象配偶者を源泉控除対象配偶者である旨の記載がないものとして，源泉徴収の規定を適用する（所法186の２）。

②　公的年金等の受給者の扶養親族等申告書を提出した居住者（以下ここでは「対象居住者」という。）の当該申告書に源泉控除対象配偶者である旨の記載がされた配偶者（以下ここでは「対象配偶者」という。）が，当該対象居住者を当該対象配偶者の提出した給与所得者の扶養控除等申告書若しくは従たる給与についての扶養控除等申告書又は公的年金等の受給者の扶養控除等申告書に記載された源泉控除対象配偶者として源泉徴収の規定の適用を受ける場合には，当該対象配偶者は当該対象居住者の提出した公的年金等の受給者の扶養親族等申告書に源泉控除対象配偶者である旨の記載がされていないものとして源泉徴収の規定を適用する（所法203の４）。

(2)　配偶者特別控除の不適用（所法83の２②）

居住者の配偶者が，給与所得者の扶養控除等申告書又は従たる給与についての扶養控除等申告書に記載された源泉控除対象配偶者がある居住者として，源泉徴収の規定の適用を受けている場合（当該配偶者が，その年分の所得税につき，年末調整の適用をうけた者である場合又は確定申告書の提出をし，若しくは決定を受けた者である場合を除く。）には，その居住者は配偶者特別控除の適用を受けることができない。

14　合計所得金額，総所得金額等の違い

(1)　合計所得金額

以下の①から⑨の合計額

①	純損失，居住用財産の買換え等の場合の譲渡損失，特定居住用財産の譲渡損失及び雑損失の繰越控除	適用前の	総所得金額
②	分離短期譲渡所得の金額	特別控除前	
③	分離長期譲渡所得の金額	特別控除前	
④	分離課税の上場株式等に係る配当所得等の金額	上場株式等に係る譲渡損失の繰越控除	適用前の金額
⑤	一般株式等に係る譲渡所得等の金額	特定株式等に係る譲渡損失の繰越控除	
⑥	上場株式等に係る譲渡所得等の金額	上場株式等に係る譲渡損失の繰越控除及び特定株式等に係る譲渡損失の繰越控除	
⑦	先物取引に係る雑所得等の金額	先物取引の差金決済に係る損失の繰越控除	
⑧	山林所得金額	特別控除後	
⑨	退職所得金額	2分の1後	

⑵　合計所得金額の適用場面

障害者控除，寡婦控除，ひとり親控除，配偶者控除，配偶者特別控除，扶養控除，勤労学生控除，基礎控除等

⑶　総所得金額等

次の①から⑨の合計額

①	純損失，居住用財産の買換え等の場合の譲渡損失，特定居住用財産の譲渡損失及び雑損失の繰越控除	適用後の	総所得金額
②	分離短期譲渡所得の金額	特別控除前	
③	分離長期譲渡所得の金額	特別控除前	
④	分離課税の上場株式等に係る配当所得等の金額	上場株式等に係る譲渡損失の繰越控除	適用後の金額
⑤	一般株式等に係る譲渡所得等の金額	特定株式等に係る譲渡損失の繰越控除	
⑥	上場株式等に係る譲渡所得等の金額	上場株式等に係る譲渡損失の繰越控除及び特定株式等に係る譲渡損失の繰越控除	

⑦	先物取引に係る雑所得等の金額	先物取引の差金決済に係る損失の繰越控除
⑧	山林所得金額	特別控除後
⑨	退職所得金額	2分の1後

(4) 総所得金額等の適用場面

雑損控除，医療費控除，寄附金控除等

第7編　税額控除及び税額加算

1　賃上げ促進税制（中小企業向け・令和6年分に適用）

1　制度の概要

中小事業者で青色申告書を提出する個人が，令和1年から令和6年までの各年（令和1年以後に事業を開始又は廃止した個人のその開始した日又は廃止した日の属する年を除く。）において国内雇用者に対して給与等を支給する場合であって，雇用者給与等支給額から比較雇用者給与等支給額を控除した金額のその比較雇用者給与等支給額に対する割合が一定割合以上増加する場合には，その年分の調整前事業所得税額の20％を限度として，控除対象雇用者給与等支給増加額に対して下記表の税額控除率を乗じた金額を所得税額から控除する（旧措法10の5の4②）。

$$\text{税額控除額}=\left(\begin{matrix}\text{雇用者給与}\\\text{等支給額}\end{matrix}-\begin{matrix}\text{比較雇用者}\\\text{給与等支給額}\end{matrix}\right)\times\text{税額控除率}$$

基本指標	増加率	税額控除率	教育訓練費加算（注2）	最大控除率	控除限度額
雇用者給与等支給額の増加割合（注1）	1.5%	15%	10%	25%	調整前事業所得税額×20%
	2.5%	30%		40%	

（注1）　$\text{雇用者給与等支給額の増加割合}=\dfrac{\text{雇用者給与等支給額}-\text{比較雇用者給与等支給額}}{\text{比較雇用者給与等支給額}}$

（注2）　以下の要件を満たす場合には，教育訓練費加算が適用
（その年の教育訓練費の額－比較教育訓練費の額）／比較教育訓練費の額≧10%

2　国内雇用者（旧措法10の5の4③一，旧措令5の6の4⑤⑥）

個人の使用人で当該個人の有する国内の事業所に勤務する雇用者で賃金台帳に記載された者。パートアルバイト，日雇い労働者は含むが，個人と特殊の関係にある者（当該個人の親族，婚姻の届出をしていないが事実上婚姻関係と同様の事情にある者，当該個人から受ける金銭その他の資産によって生計の支援を受けているもの等）は含まれない。

3　雇用者給与等支給額（旧措法10の5の4③八）

個人の各年（以下，「適用年」という。）の年分の事業所得の金額の計算上必要経費に算入される国内雇用者に対する給与等の支給額（国内雇用者が他の者へ出向している場合に当該他の者から受ける出向負担金がある場合は当該金額を控除した金額。以下同じ。）をいう。

4　比較雇用者給与等支給額（旧措法10の５の４③九）

個人の適用年の前年分の事業所得の金額の計算上必要経費に算入される国内雇用者に対する給与等の支給額をいう。

5　調整前事業所得税額（旧措法10の５の４①，10⑧四，旧措令５の３⑧）

租税特別措置法10条１項，４項及び７項（試験研究を行った場合の所得税額の特別控除），同法10条の３第３項及び４項（中小事業者が機械等を取得した場合の特別償却又は所得税額の特別控除），その他，同法に規定する各種の特別償却又は特別控除の規定を適用しないで計算したその年分の総所得金額に係る所得税の額に，以下の割合を乗じて計算した金額をいう。

乗じる割合＝	【利子所得の金額，配当所得の金額，不動産所得の金額，事業所得の金額，給与所得の金額，譲渡所得の金額（所得税法33条３項２号［譲渡所得］に掲げる所得に係る部分については，その金額の２分の１に相当する金額），一時所得の金額の２分の１に相当する金額及び雑所得の金額の合計額】のうちに【事業所得の金額】の占める割合

6　教育訓練費（旧措法10の５の４③六，旧措令５の６の４⑩）

個人がその国内雇用者の職務に必要な技術又は知識を習得させ，又は向上させるために支出する費用で以下の費用をいう。

①	個人自らが教育訓練等を行う場合の外部講師謝金や外部施設使用料等
②	個人から委託を受けた他の者が当該個人の国内雇用者に対して教育訓練等を行う場合の当該他の者へ支払う費用
③	他の者が行う教育訓練等に参加させる場合の授業料等

2　外国税額控除

1　外国税額控除と必要経費算入の選択（所法46，95①）

その年に外国所得税を納付することとなる場合には，その納付した外国所得税のうち，「控除対象外国所得税の額」について，以下の選択ができる。

イ	その者の不動産所得の金額，事業所得の金額，山林所得の金額若しくは雑所得の金額又は一時所得の金額の計算上，必要経費又は支出した金額に算入する。

又は

ロ	外国税額控除を適用する。

2　控除対象外国所得税の額（所法95①，所令221，222の２）

①　控除対象となる外国所得税

以下の外国所得税をいう。

イ	外国の法令に基づき外国又はその地方公共団体により個人の所得を課税標準として課される税
ロ	超過所得税その他個人の所得の特定の部分を課税標準として課される税
ハ	個人の所得又はその特定の部分を課税標準として課される税の附加税
ニ	個人の所得を課税標準として課される税と同一の税目に属する税で，個人の特定の所得につき，徴税上の便宜のため，所得に代えて収入金額その他これに準ずるものを課税標準として課される税
ホ	個人の特定の所得につき，所得を課税標準とする税に代え，個人の収入金額その他これに準ずるものを課税標準として課される税

② 控除対象とならない外国所得税

以下は，控除対象外国所得税には含まれない。よって，その者が実際に外国で負担した税であっても，外国税額控除の適用も必要経費にも算入されないので注意が必要である。

イ	我が国が租税条約を締結している条約相手国等において課される外国所得税の額のうち，当該租税条約の規定（当該外国所得税の軽減又は免除に関する規定に限る。）により当該条約相手国等において課することができることとされている額を超える部分に相当する金額若しくは免除することとされる金額に相当する金額等
ロ	税を納付する者が，当該税の納付後，任意にその金額の全部又は一部の還付を請求することができる税
ハ	外国所得税に附帯して課される附帯税に相当する税その他これに類する税
ニ	その他法令が定める一定の税

上記イは，例えば，租税条約の特典を受けるための届出を行わなかったこと等により，日米租税条約で定めた以下の税率を超えて課された税の部分をいう。

所得	区　　分	源泉税率
配当	持株割合50％以上	免税
	持株割合10％以上50％未満	5％
	持株割合10％未満	10％
利子	－	免税
使用料	－	免税

3　控除限度額の計算（所法95①，所令222）

$$\text{控除限度額}=\left(\begin{array}{c}\text{その年分の所得税の額}\\\text{配当控除，住宅借入金等を有する場}\\\text{合の所得税額等の税額控除後の金額}\end{array}\right)\times\frac{\text{その年分の調整国外所得金額}}{\text{その年分の所得総額}}$$

4　その年分の調整国外所得金額（所令222③，221の２）

純損失又は雑損失の繰越控除の規定を適用しないで計算した場合のその年分の国外所得金額（非永住者については，国外所得金額のうち国内において支払われ，又は国外から送金された国外源泉所得に係る部分に限る。）をいう。ただし，国外所得金額がその年分の所得総額に相当する金額を超える場合は，その年分の所得総額に相当する金額とする。

なお，国内及び国外の給与収入や退職手当等がある場合の国外源泉所得の金額は，以下により計算する（所基通95-26）。

$$\text{給与所得（国外源泉所得）}=\text{給与所得の金額}\times\frac{\text{給与等の総額のうちその源泉が国外となる金額}}{\text{給与等の総額}}$$

$$\text{退職所得（国外源泉所得）}=\text{退職所得の金額}\times\frac{\text{退職手当等の総額のうちその源泉が国外となる金額}}{\text{退職手当等の総額}}$$

5　控除対象外国所得税が控除限度額を超える場合（所法95②，所令223，224）

その年分の控除対象外国所得税額が控除限度額と地方税控除限度額との合計額を超える場合において，その年の前年以前３年以内の各年の控除限度額のうちその年に繰り越された金額があるときは，その繰り越された金額の合計額（繰越控除限度額）を限度として，その超える部分の金額をその年分の所得税の額から控除する。

6　控除対象外国所得税が控除限度額に満たない場合（所法95③，所令225）

その年分の控除対象外国所得税額が控除限度額に満たない場合において，その年の前年以前３年以内の各年において納付することとなった控除対象外国所得税額のうち，その年に繰り越された金額（繰越控除対象外国所得税額）があるときは，その年の控除限度額からその年において納付することとなる控除対象外国所得税額を控除した残額を限度として，その繰越控除対象外国所得税額をその年分の所得税の額から控除する。

3　住宅借入金等特別控除

1　制度の概要（措法41～41の２の２）

適用期限を令和７年12月31日まで延長するとともに，2050年カーボンニュートラルの実現を促進するため，省エネ性能等の高い認定住宅等について，借入限度額の上乗せ措置を設ける。また，消費税率引き上げに伴う反動減対策の措置は終了する。

<table>
<tr><th colspan="3" rowspan="2"></th><th colspan="4">居住年</th><th rowspan="2">控除率</th><th rowspan="2">床面積</th><th rowspan="2">所得要件</th></tr>
<tr><th>令和４年</th><th>令和５年</th><th>令和６年</th><th>令和７年</th></tr>
<tr><td rowspan="8">新築等及び宅地建物取引業者による「買取再販住宅」</td><td rowspan="2">認定長期優良住宅及び認定低炭素住宅</td><td>借入限度額</td><td colspan="2">5,000万円</td><td colspan="2">4,500万円</td><td rowspan="13">0.7％</td><td rowspan="13">50m²以上（注４）</td><td rowspan="13">2,000万円以下（注４）</td></tr>
<tr><td>控除期間</td><td colspan="2">13年</td><td colspan="2">13年</td></tr>
<tr><td rowspan="2">ZEH 水準省エネ住宅（注２）</td><td>借入限度額</td><td colspan="2">4,500万円</td><td colspan="2">3,500万円</td></tr>
<tr><td>控除期間</td><td colspan="2">13年</td><td colspan="2">13年</td></tr>
<tr><td rowspan="2">省エネ基準適合住宅</td><td>借入限度額</td><td colspan="2">4,000万円</td><td colspan="2">3,000万円</td></tr>
<tr><td>控除期間</td><td colspan="2">13年</td><td colspan="2">13年</td></tr>
<tr><td rowspan="2">上記以外（注３）</td><td>借入限度額</td><td colspan="2">3,000万円</td><td colspan="2">2,000万円</td></tr>
<tr><td>控除期間</td><td colspan="2">13年</td><td colspan="2">10年</td></tr>
<tr><td rowspan="5">既存住宅等（注１）</td><td>認定長期優良住宅及び認定低炭素住宅</td><td rowspan="2">借入限度額</td><td colspan="4" rowspan="2">3,000万円</td></tr>
<tr><td>ZEH 水準省エネ住宅（注２）</td></tr>
<tr><td>省エネ基準適合住宅</td><td>控除期間</td><td colspan="4">10年</td></tr>
<tr><td rowspan="2">上記以外（注３）</td><td>借入限度額</td><td colspan="4">2,000万円</td></tr>
<tr><td>控除期間</td><td colspan="4">10年</td></tr>
</table>

（注１） 既存住宅についての築年数要件は廃止。代わりに，新耐震基準に適合している住宅（築年月日が昭和57年１月１日以降は新耐震基準を満たしているものとする）を適用対象とする。

（注２） ZEH とは，Net Zero Energy House（ネット・ゼロ・エネルギー・ハウス）の略称（アルファベット読みの短縮形で，「ゼッチ」と呼ばれる。）で，カーボンニュートラル実現を目指し，住宅の高断熱化・高効率化によって，快適な室内環境と大幅な省エネルギーを同時に達成した上で，太陽光発電等によってエネルギーを創り，年間に消費する正味のエネルギー量が概ねゼロとする住宅をいう。他に，ZEB（ネット・ゼロ・エネルギー・ビル。「ゼブ」）もある。

（注３） 令和６年１月１日以後に建築確認を受ける住宅の用に供する家屋（建築年月日が同年６月30日以前のものを除く。）又は建築確認を受けない住宅で建築日付が同年７月１日以降のもののうち，一定の省エネ基準を満たさないものの新築又は当該家屋で建築後使用されたことのないものは，適用不可。

（注４） その年分の合計所得金額が1,000万円以下の者で，令和５年12月31日以前に建築確認を受けたものの新築又は当該家屋で建築後使用したことのないものの取得の場合には，床面積が40m²以上50m²未満も対象。

2　令和６年度税制改正による子育て世帯等への支援

(1)　概要（措法41⑬㉑）

子育て世帯等が認定住宅等を取得して，令和６年１月１日から同年12月31日までの間に居住の用に供した場合に，以下の措置を講じる。

① 借入限度額の拡大
上記１の表中の借入限度額を下記に拡大する。

区分	住宅の区分	借入限度額
新築等及び宅地建物取引業者による「買取再販住宅」	認定長期優良住宅及び認定低炭素住宅	5,000万円
	ZEH 水準省エネ住宅	4,500万円
	省エネ適合住宅	4,000万円

② 床面積要件の緩和
床面積50m^{2}を40m^{2}に緩和する建築確認要件を令和６年12月31日以前に緩和する。

⑵ 子育て世帯等の定義（措法41⑬）

令和６年12月31日において，年齢40歳未満で配偶者を有する者，年齢40歳以上であって年齢40歳未満の配偶者を有する者又は年齢19歳未満の扶養親族を有する者をいう。

3 居住用財産の特例との適用関係

① 住宅の取得等又は認定長期優良住宅若しくは認定低炭素住宅の新築等をした家屋をその居住の用に供した年分又はその居住の用に供した年の前年分若しくは前々年分の所得税について，以下のいずれかの特例の適用を受けている場合には，その居住の年以後の各年分について，住宅借入金等特別控除は適用できない（措法41㉒）。

イ	居住用財産を譲渡した場合の長期譲渡所得の課税の特例（措法31の３①）
ロ	居住用財産の譲渡所得の特別控除（措法35①，同条第３項を適用する場合を除く。）
ハ	特定の居住用財産の買換えの場合の長期譲渡所得の課税の特例（措法36の２）
ニ	特定の居住用財産を交換した場合の長期譲渡所得の課税の特例（措法36の５）
ホ	既成市街地等内にある土地等の中高層耐火建築物等の建設のための買換え及び交換の場合の譲渡所得の課税の特例（措法37の５）

② 居住の用に供した年の翌年以後３年以内の各年中にその住宅の取得等又は認定長期優良住宅及び認定低炭素住宅の新築等をした家屋及びこれらの家屋の敷地の用に供された土地等以外の資産（租税特別措置法31条の３（「居住用財産を譲渡した場合の長期譲渡所得の課税の特例」）２項に規定する居住用財産，同法35条（「居住用財産の譲渡所得の特別控除」）１項に規定する財産，同法36条の２（「特定の居住用財産の買換えの場合の長期譲渡所得の課税の特例」）１項に規定する譲渡資産に該当するものに限る。）を譲渡して，その譲渡について，上記①に掲げるいずれかの特例を適用する場合は，その居住の年以後の各年分について，住宅借入金等特別控除は適用できない（措法41㉓）。

4　極めて高い水準の所得に対する追加課税

⑴　所得税の追加課税（措法41の19①）

$$追加課税額 = \left(\begin{array}{l}その年分の\\基準所得金額\end{array} - 3億3{,}000万円\right) \times 22.5\% - \begin{array}{l}その年分の\\基準所得税額\end{array}$$

⑵　基準所得金額（措法41の19②）

申告不要制度（注）を適用しないで計算した合計所得金額（その年分の所得税について適用する特別控除額を控除した後の金額）をいう。この合計所得金額には，源泉分離課税の対象となる所得（例えば，金融機関の利子等）やNISA制度等により非課税とされる金額は含まれない。

（注）次に掲げる特例をいう。

① 確定申告を要しない配当所得等の特例（措法８の５）

② 確定申告を要しない上場株式等の譲渡による所得の特例（措法37の11の５）

⑶　基準所得税額（措法41の19③）

基準所得金額に係る所得税の額（分配時調整外国税相当額控除及び外国税額控除を適用しない場合の所得税の額）とし，附帯税及び本制度により計算される所得税の額を除く。

⑷　適用時期

令和７年分以後の所得税について適用する。

付　録

【付録１】速算表・税額表

1　所得税の速算表

(a)課税される所得金額	(b)税率	(c)控除額
195万円以下	5%	0円
195万円超　330万円以下	10%	97,500円
330万円超　695万円以下	20%	427,500円
695万円超　900万円以下	23%	636,000円
900万円超　1,800万円以下	33%	1,536,000円
1,800万円超　4,000万円以下	40%	2,796,000円
4,000万円超	45%	4,796,000円

（注）　山林所得以外の所得金額に対する税額は，上記表の(a)×(b)－(c)で求める。例えば「課税される所得金額」が700万円の場合には，求める税額は次のとおりとなる。

700万円×0.23－63万6,000円＝97万4,000円

※平成25年から令和19年までの各年分の確定申告においては，所得税と復興特別所得税（原則としてその年分の基準所得税額の2.1%）を併せて申告・納付する。

2　山林所得に対する所得税の速算表

課税される所得金額	税率	控除額
975万円以下	5%	0円
975万円超　1,650万円以下	10%	487,500円
1,650万円超　3,475万円以下	20%	2,137,500円
3,475万円超　4,500万円以下	23%	3,180,000円
4,500万円超　9,000万円以下	33%	7,680,000円
9,000万円超　20,000万円以下	40%	13,980,000円
20,000万円超	45%	23,980,000円

※山林所得金額に対する税額は，５分５乗方式により算出されるが，上記表は５分５乗方式が織り込まれている。

3　公的年金等に係る雑所得の速算表

公的年金等に係る雑所得以外の所得に係る合計所得金額が1,000万円以下			
年金を受け取る人の年齢	ⓐ公的年金等の収入金額の合計額	ⓑ割合	ⓒ控除額
65歳未満	（公的年金等の収入金額の合計額が600,000円までの場合は所得金額はゼロとなります。）		
	600,001円から1,299,999円まで	100%	600,000円
	1,300,000円から4,099,999円まで	75%	275,000円
	4,100,000円から7,699,999円まで	85%	685,000円
	7,700,000円から9,999,999円まで	95%	1,455,000円
	10,000,000円以上	100%	1,955,000円
65歳以上	（公的年金等の収入金額の合計額が1,100,000円までの場合は，所得金額はゼロとなります。）		
	1,100,001円から3,299,999円まで	100%	1,100,000円
	3,300,000円から4,099,999円まで	75%	275,000円
	4,100,000円から7,699,999円まで	85%	685,000円
	7,700,000円から9,999,999円まで	95%	1,455,000円
	10,000,000円以上	100%	1,955,000円

公的年金等に係る雑所得以外の所得に係る合計所得金額が1,000万円超2,000万円以下			
年金を受け取る人の年齢	ⓐ公的年金等の収入金額の合計額	ⓑ割合	ⓒ控除額
65歳未満	（公的年金等の収入金額の合計額が500,000円までの場合は所得金額はゼロとなります。）		
	500,001円から1,299,999円まで	100%	500,000円
	1,300,000円から4,099,999円まで	75%	175,000円
	4,100,000円から7,699,999円まで	85%	585,000円
	7,700,000円から9,999,999円まで	95%	1,355,000円
	10,000,000円以上	100%	1,855,000円
65歳以上	（公的年金等の収入金額の合計額が1,000,000円までの場合は，所得金額はゼロとなります。）		
	1,000,001円から3,299,999円まで	100%	1,000,000円
	3,300,000円から4,099,999円まで	75%	175,000円
	4,100,000円から7,699,999円まで	85%	585,000円
	7,700,000円から9,999,999円まで	95%	1,355,000円
	10,000,000円以上	100%	1,855,000円

公的年金等に係る雑所得以外の所得に係る合計所得金額が2,000万円超			
年金を受け取る人の年齢	(a)公的年金等の収入金額の合計額	(b)割合	(c)控除額
65歳未満	(公的年金等の収入金額の合計額が400,000円までの場合は所得金額はゼロとなります。)		
	400,001円から1,299,999円まで	100%	400,000円
	1,300,000円から4,099,999円まで	75%	75,000円
	4,100,000円から7,699,999円まで	85%	485,000円
	7,700,000円から9,999,999円まで	95%	1,255,000円
	10,000,000円以上	100%	1,755,000円
65歳以上	(公的年金等の収入金額の合計額が900,000円までの場合は，所得金額はゼロとなります。)		
	900,001円から3,299,999円まで	100%	900,000円
	3,300,000円から4,099,999円まで	75%	75,000円
	4,100,000円から7,699,999円まで	85%	485,000円
	7,700,000円から9,999,999円まで	95%	1,255,000円
	10,000,000円以上	100%	1,755,000円

（注） 例えば65歳以上の人で「公的年金等に係る雑所得以外の所得に係る合計所得金額」が500万円，「公的年金等の収入金額の合計額」が350万円の場合には，公的年金等に係る雑所得の金額は次のようになります。

3,500,000円×75%－275,000円＝2,350,000円

4　給与所得控除額

給与等の収入金額（給与所得の源泉徴収票の支払金額）		給与所得控除額
	1,625,000円以下	550,000円
1,625,000円超	1,800,000円以下	収入金額×40％－100,000円
1,800,000円超	3,600,000円以下	収入金額×30％＋80,000円
3,600,000円超	6,600,000円以下	収入金額×20％＋440,000円
6,600,000円超	8,500,000円以下	収入金額×10％＋1,100,000円
8,500,000円超		1,950,000円（上限）

※ただし，収入金額が660万円未満の場合は，所得税法別表第五により給与所得控除額控除後の所得金額を求める。

5　給与所得の源泉徴収税額表

次ページ以降に，給与所得の源泉徴収税額表の月額表及び日額表，賞与に対する源泉徴収税額の算出率の表，退職所得控除額の表を掲げる。

給与所得の源泉徴収税額表（令和６年分）

月額表（平成24年３月31日財務省告示第115号別表第一（令和２年３月31日財務省告示第81号改正））

（一）

（～166,999円）

その月の社会保険料等控除後の給与等の金額		甲								乙
		扶養親族等の数								
		０人	１人	２人	３人	４人	５人	６人	７人	
以上	未満	税額								税額
円	円	円	円	円	円	円	円	円	円	円
88,000円未満		0	0	0	0	0	0	0	0	その月の社会保険料等控除後の給与等の金額の3.063%に相当する金額
88,000	89,000	130	0	0	0	0	0	0	0	3,200
89,000	90,000	180	0	0	0	0	0	0	0	3,200
90,000	91,000	230	0	0	0	0	0	0	0	3,200
91,000	92,000	290	0	0	0	0	0	0	0	3,200
92,000	93,000	340	0	0	0	0	0	0	0	3,300
93,000	94,000	390	0	0	0	0	0	0	0	3,300
94,000	95,000	440	0	0	0	0	0	0	0	3,300
95,000	96,000	490	0	0	0	0	0	0	0	3,400
96,000	97,000	540	0	0	0	0	0	0	0	3,400
97,000	98,000	590	0	0	0	0	0	0	0	3,500
98,000	99,000	640	0	0	0	0	0	0	0	3,500
99,000	101,000	720	0	0	0	0	0	0	0	3,600
101,000	103,000	830	0	0	0	0	0	0	0	3,600
103,000	105,000	930	0	0	0	0	0	0	0	3,700
105,000	107,000	1,030	0	0	0	0	0	0	0	3,800
107,000	109,000	1,130	0	0	0	0	0	0	0	3,800
109,000	111,000	1,240	0	0	0	0	0	0	0	3,900
111,000	113,000	1,340	0	0	0	0	0	0	0	4,000
113,000	115,000	1,440	0	0	0	0	0	0	0	4,100
115,000	117,000	1,540	0	0	0	0	0	0	0	4,100
117,000	119,000	1,640	0	0	0	0	0	0	0	4,200
119,000	121,000	1,750	120	0	0	0	0	0	0	4,300
121,000	123,000	1,850	220	0	0	0	0	0	0	4,500
123,000	125,000	1,950	330	0	0	0	0	0	0	4,800
125,000	127,000	2,050	430	0	0	0	0	0	0	5,100
127,000	129,000	2,150	530	0	0	0	0	0	0	5,400
129,000	131,000	2,260	630	0	0	0	0	0	0	5,700
131,000	133,000	2,360	740	0	0	0	0	0	0	6,000
133,000	135,000	2,460	840	0	0	0	0	0	0	6,300
135,000	137,000	2,550	930	0	0	0	0	0	0	6,600
137,000	139,000	2,610	990	0	0	0	0	0	0	6,800
139,000	141,000	2,680	1,050	0	0	0	0	0	0	7,100
141,000	143,000	2,740	1,110	0	0	0	0	0	0	7,500
143,000	145,000	2,800	1,170	0	0	0	0	0	0	7,800
145,000	147,000	2,860	1,240	0	0	0	0	0	0	8,100
147,000	149,000	2,920	1,300	0	0	0	0	0	0	8,400
149,000	151,000	2,980	1,360	0	0	0	0	0	0	8,700
151,000	153,000	3,050	1,430	0	0	0	0	0	0	9,000
153,000	155,000	3,120	1,500	0	0	0	0	0	0	9,300
155,000	157,000	3,200	1,570	0	0	0	0	0	0	9,600
157,000	159,000	3,270	1,640	0	0	0	0	0	0	9,900
159,000	161,000	3,340	1,720	100	0	0	0	0	0	10,200
161,000	163,000	3,410	1,790	170	0	0	0	0	0	10,500
163,000	165,000	3,480	1,860	250	0	0	0	0	0	10,800
165,000	167,000	3,550	1,930	320	0	0	0	0	0	11,100

（二）　　（167,000円～289,999円）

その月の社会保険料等控除後の給与等の金額		甲								乙
		扶養親族等の数								
		0人	1人	2人	3人	4人	5人	6人	7人	
以上	未満	税額								税額
円	円	円	円	円	円	円	円	円	円	円
167,000	169,000	3,620	2,000	390	0	0	0	0	0	11,400
169,000	171,000	3,700	2,070	460	0	0	0	0	0	11,700
171,000	173,000	3,770	2,140	530	0	0	0	0	0	12,000
173,000	175,000	3,840	2,220	600	0	0	0	0	0	12,400
175,000	177,000	3,910	2,290	670	0	0	0	0	0	12,700
177,000	179,000	3,980	2,360	750	0	0	0	0	0	13,200
179,000	181,000	4,050	2,430	820	0	0	0	0	0	13,900
181,000	183,000	4,120	2,500	890	0	0	0	0	0	14,600
183,000	185,000	4,200	2,570	960	0	0	0	0	0	15,300
185,000	187,000	4,270	2,640	1,030	0	0	0	0	0	16,000
187,000	189,000	4,340	2,720	1,100	0	0	0	0	0	16,700
189,000	191,000	4,410	2,790	1,170	0	0	0	0	0	17,500
191,000	193,000	4,480	2,860	1,250	0	0	0	0	0	18,100
193,000	195,000	4,550	2,930	1,320	0	0	0	0	0	18,800
195,000	197,000	4,630	3,000	1,390	0	0	0	0	0	19,500
197,000	199,000	4,700	3,070	1,460	0	0	0	0	0	20,200
199,000	201,000	4,770	3,140	1,530	0	0	0	0	0	20,900
201,000	203,000	4,840	3,220	1,600	0	0	0	0	0	21,500
203,000	205,000	4,910	3,290	1,670	0	0	0	0	0	22,200
205,000	207,000	4,980	3,360	1,750	130	0	0	0	0	22,700
207,000	209,000	5,050	3,430	1,820	200	0	0	0	0	23,300
209,000	211,000	5,130	3,500	1,890	280	0	0	0	0	23,900
211,000	213,000	5,200	3,570	1,960	350	0	0	0	0	24,400
213,000	215,000	5,270	3,640	2,030	420	0	0	0	0	25,000
215,000	217,000	5,340	3,720	2,100	490	0	0	0	0	25,500
217,000	219,000	5,410	3,790	2,170	560	0	0	0	0	26,100
219,000	221,000	5,480	3,860	2,250	630	0	0	0	0	26,800
221,000	224,000	5,560	3,950	2,340	710	0	0	0	0	27,400
224,000	227,000	5,680	4,060	2,440	830	0	0	0	0	28,400
227,000	230,000	5,780	4,170	2,550	930	0	0	0	0	29,300
230,000	233,000	5,890	4,280	2,650	1,040	0	0	0	0	30,300
233,000	236,000	5,990	4,380	2,770	1,140	0	0	0	0	31,300
236,000	239,000	6,110	4,490	2,870	1,260	0	0	0	0	32,400
239,000	242,000	6,210	4,590	2,980	1,360	0	0	0	0	33,400
242,000	245,000	6,320	4,710	3,080	1,470	0	0	0	0	34,400
245,000	248,000	6,420	4,810	3,200	1,570	0	0	0	0	35,400
248,000	251,000	6,530	4,920	3,300	1,680	0	0	0	0	36,400
251,000	254,000	6,640	5,020	3,410	1,790	170	0	0	0	37,500
254,000	257,000	6,750	5,140	3,510	1,900	290	0	0	0	38,500
257,000	260,000	6,850	5,240	3,620	2,000	390	0	0	0	39,400
260,000	263,000	6,960	5,350	3,730	2,110	500	0	0	0	40,400
263,000	266,000	7,070	5,450	3,840	2,220	600	0	0	0	41,500
266,000	269,000	7,180	5,560	3,940	2,330	710	0	0	0	42,500
269,000	272,000	7,280	5,670	4,050	2,430	820	0	0	0	43,500
272,000	275,000	7,390	5,780	4,160	2,540	930	0	0	0	44,500
275,000	278,000	7,490	5,880	4,270	2,640	1,030	0	0	0	45,500
278,000	281,000	7,610	5,990	4,370	2,760	1,140	0	0	0	46,600
281,000	284,000	7,710	6,100	4,480	2,860	1,250	0	0	0	47,600
284,000	287,000	7,820	6,210	4,580	2,970	1,360	0	0	0	48,600
287,000	290,000	7,920	6,310	4,700	3,070	1,460	0	0	0	49,700

（三）　　　　（290,000円～439,999円）

その月の社会保険料等控除後の給与等の金額		甲								乙
		扶養親族等の数								
		0人	1人	2人	3人	4人	5人	6人	7人	
以上	未満	税額								税額
円	円	円	円	円	円	円	円	円	円	円
290,000	293,000	8,040	6,420	4,800	3,190	1,570	0	0	0	50,900
293,000	296,000	8,140	6,520	4,910	3,290	1,670	0	0	0	52,100
296,000	299,000	8,250	6,640	5,010	3,400	1,790	160	0	0	52,900
299,000	302,000	8,420	6,740	5,130	3,510	1,890	280	0	0	53,700
302,000	305,000	8,670	6,860	5,250	3,630	2,010	400	0	0	54,500
305,000	308,000	8,910	6,980	5,370	3,760	2,130	520	0	0	55,200
308,000	311,000	9,160	7,110	5,490	3,880	2,260	640	0	0	56,100
311,000	314,000	9,400	7,230	5,620	4,000	2,380	770	0	0	56,900
314,000	317,000	9,650	7,350	5,740	4,120	2,500	890	0	0	57,800
317,000	320,000	9,890	7,470	5,860	4,250	2,620	1,010	0	0	58,800
320,000	323,000	10,140	7,600	5,980	4,370	2,750	1,130	0	0	59,800
323,000	326,000	10,380	7,720	6,110	4,490	2,870	1,260	0	0	60,900
326,000	329,000	10,630	7,840	6,230	4,610	2,990	1,380	0	0	61,900
329,000	332,000	10,870	7,960	6,350	4,740	3,110	1,500	0	0	62,900
332,000	335,000	11,120	8,090	6,470	4,860	3,240	1,620	0	0	63,900
335,000	338,000	11,360	8,210	6,600	4,980	3,360	1,750	130	0	64,900
338,000	341,000	11,610	8,370	6,720	5,110	3,480	1,870	260	0	66,000
341,000	344,000	11,850	8,620	6,840	5,230	3,600	1,990	380	0	67,000
344,000	347,000	12,100	8,860	6,960	5,350	3,730	2,110	500	0	68,000
347,000	350,000	12,340	9,110	7,090	5,470	3,850	2,240	620	0	69,000
350,000	353,000	12,590	9,350	7,210	5,600	3,970	2,360	750	0	70,000
353,000	356,000	12,830	9,600	7,330	5,720	4,090	2,480	870	0	71,100
356,000	359,000	13,080	9,840	7,450	5,840	4,220	2,600	990	0	72,100
359,000	362,000	13,320	10,090	7,580	5,960	4,340	2,730	1,110	0	73,100
362,000	365,000	13,570	10,330	7,700	6,090	4,460	2,850	1,240	0	74,200
365,000	368,000	13,810	10,580	7,820	6,210	4,580	2,970	1,360	0	75,200
368,000	371,000	14,060	10,820	7,940	6,330	4,710	3,090	1,480	0	76,200
371,000	374,000	14,300	11,070	8,070	6,450	4,830	3,220	1,600	0	77,100
374,000	377,000	14,550	11,310	8,190	6,580	4,950	3,340	1,730	100	78,100
377,000	380,000	14,790	11,560	8,320	6,700	5,070	3,460	1,850	220	79,000
380,000	383,000	15,040	11,800	8,570	6,820	5,200	3,580	1,970	350	79,900
383,000	386,000	15,280	12,050	8,810	6,940	5,320	3,710	2,090	470	81,400
386,000	389,000	15,530	12,290	9,060	7,070	5,440	3,830	2,220	590	83,100
389,000	392,000	15,770	12,540	9,300	7,190	5,560	3,950	2,340	710	84,700
392,000	395,000	16,020	12,780	9,550	7,310	5,690	4,070	2,460	840	86,500
395,000	398,000	16,260	13,030	9,790	7,430	5,810	4,200	2,580	960	88,200
398,000	401,000	16,510	13,270	10,040	7,560	5,930	4,320	2,710	1,080	89,800
401,000	404,000	16,750	13,520	10,280	7,680	6,050	4,440	2,830	1,200	91,600
404,000	407,000	17,000	13,760	10,530	7,800	6,180	4,560	2,950	1,330	93,300
407,000	410,000	17,240	14,010	10,770	7,920	6,300	4,690	3,070	1,450	95,000
410,000	413,000	17,490	14,250	11,020	8,050	6,420	4,810	3,200	1,570	96,700
413,000	416,000	17,730	14,500	11,260	8,170	6,540	4,930	3,320	1,690	98,300
416,000	419,000	17,980	14,740	11,510	8,290	6,670	5,050	3,440	1,820	100,100
419,000	422,000	18,220	14,990	11,750	8,530	6,790	5,180	3,560	1,940	101,800
422,000	425,000	18,470	15,230	12,000	8,770	6,910	5,300	3,690	2,060	103,400
425,000	428,000	18,710	15,480	12,240	9,020	7,030	5,420	3,810	2,180	105,200
428,000	431,000	18,960	15,720	12,490	9,260	7,160	5,540	3,930	2,310	106,900
431,000	434,000	19,210	15,970	12,730	9,510	7,280	5,670	4,050	2,430	108,500
434,000	437,000	19,450	16,210	12,980	9,750	7,400	5,790	4,180	2,550	110,300
437,000	440,000	19,700	16,460	13,220	10,000	7,520	5,910	4,300	2,680	112,000

(四)　　　　(440,000円～589,999円)

その月の社会保険料等控除後の給与等の金額		甲								乙
		扶養親族等の数								
		0人	1人	2人	3人	4人	5人	6人	7人	
以上	未満	税額								税額
円	円	円	円	円	円	円	円	円	円	円
440,000	443,000	20,090	16,700	13,470	10,240	7,650	6,030	4,420	2,800	113,600
443,000	446,000	20,580	16,950	13,710	10,490	7,770	6,160	4,540	2,920	115,400
446,000	449,000	21,070	17,190	13,960	10,730	7,890	6,280	4,670	3,040	117,100
449,000	452,000	21,560	17,440	14,200	10,980	8,010	6,400	4,790	3,170	118,700
452,000	455,000	22,050	17,680	14,450	11,220	8,140	6,520	4,910	3,290	120,500
455,000	458,000	22,540	17,930	14,690	11,470	8,260	6,650	5,030	3,410	122,200
458,000	461,000	23,030	18,170	14,940	11,710	8,470	6,770	5,160	3,530	123,800
461,000	464,000	23,520	18,420	15,180	11,960	8,720	6,890	5,280	3,660	125,600
464,000	467,000	24,010	18,660	15,430	12,200	8,960	7,010	5,400	3,780	127,300
467,000	470,000	24,500	18,910	15,670	12,450	9,210	7,140	5,520	3,900	129,000
470,000	473,000	24,990	19,150	15,920	12,690	9,450	7,260	5,650	4,020	130,700
473,000	476,000	25,480	19,400	16,160	12,940	9,700	7,380	5,770	4,150	132,300
476,000	479,000	25,970	19,640	16,410	13,180	9,940	7,500	5,890	4,270	134,000
479,000	482,000	26,460	20,000	16,650	13,430	10,190	7,630	6,010	4,390	135,600
482,000	485,000	26,950	20,490	16,900	13,670	10,430	7,750	6,140	4,510	137,200
485,000	488,000	27,440	20,980	17,140	13,920	10,680	7,870	6,260	4,640	138,800
488,000	491,000	27,930	21,470	17,390	14,160	10,920	7,990	6,380	4,760	140,400
491,000	494,000	28,420	21,960	17,630	14,410	11,170	8,120	6,500	4,880	142,000
494,000	497,000	28,910	22,450	17,880	14,650	11,410	8,240	6,630	5,000	143,700
497,000	500,000	29,400	22,940	18,120	14,900	11,660	8,420	6,750	5,130	145,200
500,000	503,000	29,890	23,430	18,370	15,140	11,900	8,670	6,870	5,250	146,800
503,000	506,000	30,380	23,920	18,610	15,390	12,150	8,910	6,990	5,370	148,500
506,000	509,000	30,880	24,410	18,860	15,630	12,390	9,160	7,120	5,490	150,100
509,000	512,000	31,370	24,900	19,100	15,880	12,640	9,400	7,240	5,620	151,600
512,000	515,000	31,860	25,390	19,350	16,120	12,890	9,650	7,360	5,740	153,300
515,000	518,000	32,350	25,880	19,590	16,370	13,130	9,890	7,480	5,860	154,900
518,000	521,000	32,840	26,370	19,900	16,610	13,380	10,140	7,610	5,980	156,500
521,000	524,000	33,330	26,860	20,390	16,860	13,620	10,380	7,730	6,110	158,100
524,000	527,000	33,820	27,350	20,880	17,100	13,870	10,630	7,850	6,230	159,600
527,000	530,000	34,310	27,840	21,370	17,350	14,110	10,870	7,970	6,350	161,000
530,000	533,000	34,800	28,330	21,860	17,590	14,360	11,120	8,100	6,470	162,500
533,000	536,000	35,290	28,820	22,350	17,840	14,600	11,360	8,220	6,600	164,000
536,000	539,000	35,780	29,310	22,840	18,080	14,850	11,610	8,380	6,720	165,400
539,000	542,000	36,270	29,800	23,330	18,330	15,090	11,850	8,630	6,840	166,900
542,000	545,000	36,760	30,290	23,820	18,570	15,340	12,100	8,870	6,960	168,400
545,000	548,000	37,250	30,780	24,310	18,820	15,580	12,340	9,120	7,090	169,900
548,000	551,000	37,740	31,270	24,800	19,060	15,830	12,590	9,360	7,210	171,300
551,000	554,000	38,280	31,810	25,340	19,330	16,100	12,860	9,630	7,350	172,800
554,000	557,000	38,830	32,370	25,890	19,600	16,380	13,140	9,900	7,480	174,300
557,000	560,000	39,380	32,920	26,440	19,980	16,650	13,420	10,180	7,630	175,700
560,000	563,000	39,930	33,470	27,000	20,530	16,930	13,690	10,460	7,760	177,200
563,000	566,000	40,480	34,020	27,550	21,080	17,200	13,970	10,730	7,900	178,700
566,000	569,000	41,030	34,570	28,100	21,630	17,480	14,240	11,010	8,040	180,100
569,000	572,000	41,590	35,120	28,650	22,190	17,760	14,520	11,280	8,180	181,600
572,000	575,000	42,140	35,670	29,200	22,740	18,030	14,790	11,560	8,330	183,100
575,000	578,000	42,690	36,230	29,750	23,290	18,310	15,070	11,830	8,610	184,600
578,000	581,000	43,240	36,780	30,300	23,840	18,580	15,350	12,110	8,880	186,000
581,000	584,000	43,790	37,330	30,850	24,390	18,860	15,620	12,380	9,160	187,500
584,000	587,000	44,340	37,880	31,410	24,940	19,130	15,900	12,660	9,430	189,000
587,000	590,000	44,890	38,430	31,960	25,490	19,410	16,170	12,940	9,710	190,400

（五）

（590,000円～739,999円）

その月の社会保険料等控除後の給与等の金額		甲								乙
		扶養親族等の数								
		0人	1人	2人	3人	4人	5人	6人	7人	
以上	未満	税額								税額
円	円	円	円	円	円	円	円	円	円	円
590,000	593,000	45,440	38,980	32,510	26,050	19,680	16,450	13,210	9,990	191,900
593,000	596,000	46,000	39,530	33,060	26,600	20,130	16,720	13,490	10,260	193,400
596,000	599,000	46,550	40,080	33,610	27,150	20,690	17,000	13,760	10,540	194,800
599,000	602,000	47,100	40,640	34,160	27,700	21,240	17,280	14,040	10,810	196,300
602,000	605,000	47,650	41,190	34,710	28,250	21,790	17,550	14,310	11,090	197,800
605,000	608,000	48,200	41,740	35,270	28,800	22,340	17,830	14,590	11,360	199,300
608,000	611,000	48,750	42,290	35,820	29,350	22,890	18,100	14,870	11,640	200,700
611,000	614,000	49,300	42,840	36,370	29,910	23,440	18,380	15,140	11,920	202,200
614,000	617,000	49,860	43,390	36,920	30,460	23,990	18,650	15,420	12,190	203,700
617,000	620,000	50,410	43,940	37,470	31,010	24,540	18,930	15,690	12,470	205,100
620,000	623,000	50,960	44,500	38,020	31,560	25,100	19,210	15,970	12,740	206,700
623,000	626,000	51,510	45,050	38,570	32,110	25,650	19,480	16,240	13,020	208,100
626,000	629,000	52,060	45,600	39,120	32,660	26,200	19,760	16,520	13,290	209,500
629,000	632,000	52,610	46,150	39,680	33,210	26,750	20,280	16,800	13,570	211,000
632,000	635,000	53,160	46,700	40,230	33,760	27,300	20,830	17,070	13,840	212,500
635,000	638,000	53,710	47,250	40,780	34,320	27,850	21,380	17,350	14,120	214,000
638,000	641,000	54,270	47,800	41,330	34,870	28,400	21,930	17,620	14,400	214,900
641,000	644,000	54,820	48,350	41,880	35,420	28,960	22,480	17,900	14,670	215,900
644,000	647,000	55,370	48,910	42,430	35,970	29,510	23,030	18,170	14,950	217,000
647,000	650,000	55,920	49,460	42,980	36,520	30,060	23,590	18,450	15,220	218,000
650,000	653,000	56,470	50,010	43,540	37,070	30,610	24,140	18,730	15,500	219,000
653,000	656,000	57,020	50,560	44,090	37,620	31,160	24,690	19,000	15,770	220,000
656,000	659,000	57,570	51,110	44,640	38,180	31,710	25,240	19,280	16,050	221,000
659,000	662,000	58,130	51,660	45,190	38,730	32,260	25,790	19,550	16,330	222,100
662,000	665,000	58,680	52,210	45,740	39,280	32,810	26,340	19,880	16,600	223,100
665,000	668,000	59,230	52,770	46,290	39,830	33,370	26,890	20,430	16,880	224,100
668,000	671,000	59,780	53,320	46,840	40,380	33,920	27,440	20,980	17,150	225,000
671,000	674,000	60,330	53,870	47,390	40,930	34,470	28,000	21,530	17,430	226,000
674,000	677,000	60,880	54,420	47,950	41,480	35,020	28,550	22,080	17,700	227,100
677,000	680,000	61,430	54,970	48,500	42,030	35,570	29,100	22,640	17,980	228,100
680,000	683,000	61,980	55,520	49,050	42,590	36,120	29,650	23,190	18,260	229,100
683,000	686,000	62,540	56,070	49,600	43,140	36,670	30,200	23,740	18,530	230,400
686,000	689,000	63,090	56,620	50,150	43,690	37,230	30,750	24,290	18,810	232,100
689,000	692,000	63,640	57,180	50,700	44,240	37,780	31,300	24,840	19,080	233,600
692,000	695,000	64,190	57,730	51,250	44,790	38,330	31,860	25,390	19,360	235,100
695,000	698,000	64,740	58,280	51,810	45,340	38,880	32,410	25,940	19,630	236,700
698,000	701,000	65,290	58,830	52,360	45,890	39,430	32,960	26,490	20,030	238,200
701,000	704,000	65,840	59,380	52,910	46,450	39,980	33,510	27,050	20,580	239,700
704,000	707,000	66,400	59,930	53,460	47,000	40,530	34,060	27,600	21,130	241,300
707,000	710,000	66,960	60,480	54,020	47,550	41,090	34,620	28,150	21,690	242,900
710,000	713,000	67,570	61,100	54,630	48,160	41,700	35,230	28,760	22,300	244,400
713,000	716,000	68,180	61,710	55,250	48,770	42,310	35,850	29,370	22,910	246,000
716,000	719,000	68,790	62,320	55,860	49,390	42,920	36,460	29,990	23,520	247,500
719,000	722,000	69,410	62,930	56,470	50,000	43,540	37,070	30,600	24,140	249,000
722,000	725,000	70,020	63,550	57,080	50,610	44,150	37,690	31,210	24,750	250,600
725,000	728,000	70,630	64,160	57,700	51,220	44,760	38,300	31,820	25,360	252,200
728,000	731,000	71,250	64,770	58,310	51,840	45,370	38,910	32,440	25,970	253,700
731,000	734,000	71,860	65,380	58,920	52,450	45,990	39,520	33,050	26,590	255,300
734,000	737,000	72,470	66,000	59,530	53,060	46,600	40,140	33,660	27,200	256,800
737,000	740,000	73,080	66,610	60,150	53,670	47,210	40,750	34,270	27,810	258,300

(六)　　　　(740,000円～3,499,999円)

その月の社会保険料等控除後の給与等の金額		甲								乙
		扶養親族等の数								
		0人	1人	2人	3人	4人	5人	6人	7人	
以上	未満	税額								税額
740,000円		円 73,390	円 66,920	円 60,450	円 53,980	円 47,520	円 41,050	円 34,580	円 28,120	円 259,800
740,000円を超え780,000円に満たない金額		740,000円の場合の税額に，その月の社会保険料等控除後の給与等の金額のうち740,000円を超える金額の20.42%に相当する金額を加算した金額								259,800円に，その月の社会保険料等控除後の給与等の金額のうち740,000円を超える金額の40.84%に相当する金額を加算した金額
780,000円		円 81,560	円 75,090	円 68,620	円 62,150	円 55,690	円 49,220	円 42,750	円 36,290	
780,000円を超え950,000円に満たない金額		780,000円の場合の税額に，その月の社会保険料等控除後の給与等の金額のうち780,000円を超える金額の23.483%に相当する金額を加算した金額								
950,000円		円 121,480	円 115,010	円 108,540	円 102,070	円 95,610	円 89,140	円 82,670	円 76,210	
950,000円を超え1,700,000円に満たない金額		950,000円の場合の税額に，その月の社会保険料等控除後の給与等の金額のうち950,000円を超える金額の33.693%に相当する金額を加算した金額								
1,700,000円		円 374,180	円 367,710	円 361,240	円 354,770	円 348,310	円 341,840	円 335,370	円 328,910	円 651,900
1,700,000円を超え2,170,000円に満たない金額		1,700,000円の場合の税額に，その月の社会保険料等控除後の給与等の金額のうち1,700,000円を超える金額の40.84%に相当する金額を加算した金額								651,900円に，その月の社会保険料等控除後の給与等の金額のうち1,700,000円を超える金額の45.945%に相当する金額を加算した金額
2,170,000円		円 571,570	円 565,090	円 558,630	円 552,160	円 545,690	円 539,230	円 532,760	円 526,290	
2,170,000円を超え2,210,000円に満たない金額		2,170,000円の場合の税額に，その月の社会保険料等控除後の給与等の金額のうち2,170,000円を超える金額の40.84%に相当する金額を加算した金額								
2,210,000円		円 593,340	円 586,870	円 580,410	円 573,930	円 567,470	円 561,010	円 554,540	円 548,070	
2,210,000円を超え2,250,000円に満たない金額		2,210,000円の場合の税額に，その月の社会保険料等控除後の給与等の金額のうち2,210,000円を超える金額の40.84%に相当する金額を加算した金額								
2,250,000円		円 615,120	円 608,650	円 602,190	円 595,710	円 589,250	円 582,790	円 576,310	円 569,850	
2,250,000円を超え3,500,000円に満たない金額		2,250,000円の場合の税額に，その月の社会保険料等控除後の給与等の金額のうち2,250,000円を超える金額の40.84%に相当する金額を加算した金額								

（七）

（3,500,000円～）

その月の社会保険料等控除後の給与等の金額		甲								乙
		扶養親族等の数								
		0人	1人	2人	3人	4人	5人	6人	7人	
以上	未満	税額								税額
3,500,000円		円 1,125,620	円 1,119,150	円 1,112,690	円 1,106,210	円 1,099,750	円 1,093,290	円 1,086,810	円 1,080,350	651,900円に，その月の社会保険料等控除後の給与等の金額のうち1,700,000円を超える金額の45.945％に相当する金額を加算した金額
3,500,000円を超える金額		3,500,000円の場合の税額に，その月の社会保険料等控除後の給与等の金額のうち3,500,000円を超える金額の45.945％に相当する金額を加算した金額								
扶養親族等の数が7人を超える場合には，扶養親族等の数が7人の場合の税額から，その7人を超える1人ごとに1,610円を控除した金額										従たる給与についての扶養控除等申告書が提出されている場合には，当該申告書に記載された扶養親族等の数に応じ，扶養親族等1人ごとに1,610円を，上の各欄によって求めた税額から控除した金額

（注）　この表における用語の意味は，次のとおりです。

1　「扶養親族」とは，源泉控除対象配偶者及び控除対象扶養親族をいいます。

2　「社会保険料等」とは，所得税法第74条第２項（社会保険料控除）に規定する社会保険料及び同法第75条第２項（小規模企業共済等掛金控除）に規定する小規模企業共済等掛金をいいます。

（備考）　税額の求め方は，次のとおりです。

1　「給与所得者の扶養控除等申告書」（以下この表において「扶養控除等申告書」といいます。）の提出があった人

⑴　まず，その人のその月の給与等の金額から，その給与等の金額から控除される社会保険料等の金額を控除した金額を求めます。

⑵　次に，扶養控除等申告書により申告された扶養親族等（その申告書に記載がされていないものとされる源泉控除対象配偶者を除きます。また，扶養親族等が国外居住親族である場合には，親族に該当する旨を証する書類が扶養控除等申告書に添付され，又は当該書類が扶養控除等申告書の提出の際に提示された扶養親族等に限ります。）の数が７人以下である場合には，⑴により求めた金額に応じて「その月の社会保険料等控除後の給与等の金額」欄の該当する行を求め，その行と扶養親族等の数に応じた甲欄の該当欄との交わるところに記載されている金額を求めます。これが求める税額です。

⑶　扶養控除等申告書により申告された扶養親族等の数が７人を超える場合には，⑴により求めた金額に応じて，扶養親族等の数が７人であるものとして⑵により求めた税額から，扶養親族等の数が７人を超える１人ごとに1,610円を控除した金額を求めます。これが求める税額です。

⑷　⑵及び⑶の場合において，扶養控除等申告書にその人が障害者（特別障害者を含みます。），寡婦，ひとり親又は勤労学生に該当する旨の記載があるときは，扶養親族等の数にこれらの一に該当するごとに１人を加算した数を，扶養控除等申告書にその人の同一生計配偶者又は扶養親族のうちに障害者（特別障害者を含みます。）又は同居特別障害者（障害者（特別障害者を含みます。）又は同居特別障害者が国外居住親族である場合には，親族に該当する旨を証する書類が扶養控除等申告書に添付され，又は当該書類が扶養控除等申告書の提出の際に提示された障害者（特別障害者を含みます。）又は同居特別障害者に限ります。）に該当する人がいる旨の記載があるときは，扶養親族等の数にこれらの一に該当するごとに１人を加算した数を，それぞれ⑵及び⑶の扶養親族等の数とします。

2　扶養控除等申告書の提出がない人（「従たる給与についての扶養控除等申告書」の提出があった人を含みます。）

その人のその月の給与等の金額から，その給与等の金額から控除される社会保険料等の金額を控除し，その控除後の金額に応じた「その月の社会保険料等控除後の給与等の金額」欄の該当する行と乙欄との交わるところに記載されている金額（「従たる給与についての扶養控除等申告書」の提出があった場合には，その申告書により申告された扶養親族等（その申告書に記載がされていないものとされる源泉控除対象配偶者を除きます。）の数に応じ，扶養親族等１人ごとに1,610円を控除した金額）を求めます。これが求める税額です。

給与所得の源泉徴収税額表（令和６年分）

日額表（平成24年３月31日財務省告示第115号別表第二（令和２年３月31日財務省告示第81号改正））

（一）　（～6,999円）

その日の社会保険料等控除後の給与等の金額		甲								乙	丙
		扶養親族等の数									
		０人	１人	２人	３人	４人	５人	６人	７人		
以上	未満	税額								税額	税額
円	円	円	円	円	円	円	円	円	円	円	円
2,900円未満		0	0	0	0	0	0	0	0	その日の社会保険料等控除後の給与等の金額の3.063%に相当する金額	0
2,900	2,950	5	0	0	0	0	0	0	0	100	0
2,950	3,000	5	0	0	0	0	0	0	0	100	0
3,000	3,050	10	0	0	0	0	0	0	0	100	0
3,050	3,100	10	0	0	0	0	0	0	0	110	0
3,100	3,150	15	0	0	0	0	0	0	0	110	0
3,150	3,200	15	0	0	0	0	0	0	0	110	0
3,200	3,250	20	0	0	0	0	0	0	0	110	0
3,250	3,300	20	0	0	0	0	0	0	0	110	0
3,300	3,400	25	0	0	0	0	0	0	0	120	0
3,400	3,500	30	0	0	0	0	0	0	0	120	0
3,500	3,600	35	0	0	0	0	0	0	0	120	0
3,600	3,700	40	0	0	0	0	0	0	0	130	0
3,700	3,800	45	0	0	0	0	0	0	0	130	0
3,800	3,900	50	0	0	0	0	0	0	0	130	0
3,900	4,000	55	0	0	0	0	0	0	0	140	0
4,000	4,100	60	5	0	0	0	0	0	0	140	0
4,100	4,200	65	10	0	0	0	0	0	0	160	0
4,200	4,300	70	15	0	0	0	0	0	0	170	0
4,300	4,400	75	20	0	0	0	0	0	0	190	0
4,400	4,500	80	25	0	0	0	0	0	0	200	0
4,500	4,600	85	30	0	0	0	0	0	0	220	0
4,600	4,700	85	35	0	0	0	0	0	0	230	0
4,700	4,800	90	35	0	0	0	0	0	0	260	0
4,800	4,900	90	40	0	0	0	0	0	0	270	0
4,900	5,000	95	40	0	0	0	0	0	0	280	0
5,000	5,100	100	45	0	0	0	0	0	0	300	0
5,100	5,200	100	50	0	0	0	0	0	0	310	0
5,200	5,300	105	55	0	0	0	0	0	0	330	0
5,300	5,400	110	55	5	0	0	0	0	0	340	0
5,400	5,500	110	60	5	0	0	0	0	0	360	0
5,500	5,600	115	65	10	0	0	0	0	0	370	0
5,600	5,700	120	65	15	0	0	0	0	0	390	0
5,700	5,800	125	70	15	0	0	0	0	0	400	0
5,800	5,900	125	75	20	0	0	0	0	0	420	0
5,900	6,000	130	75	25	0	0	0	0	0	440	0
6,000	6,100	135	80	30	0	0	0	0	0	470	0
6,100	6,200	135	85	30	0	0	0	0	0	510	0
6,200	6,300	140	90	35	0	0	0	0	0	540	0
6,300	6,400	150	90	40	0	0	0	0	0	580	0
6,400	6,500	150	95	40	0	0	0	0	0	610	0
6,500	6,600	155	100	45	0	0	0	0	0	650	0
6,600	6,700	160	100	50	0	0	0	0	0	680	0
6,700	6,800	165	105	50	0	0	0	0	0	710	0
6,800	6,900	165	110	55	5	0	0	0	0	750	0
6,900	7,000	170	110	60	5	0	0	0	0	780	0

（二）

（7,000円～11,999円）

その日の社会保険料等控除後の給与等の金額		甲								乙	丙
		扶養親族等の数									
		0人	1人	2人	3人	4人	5人	6人	7人		
以上	未満	税額								税額	税額
円	円	円	円	円	円	円	円	円	円	円	円
7,000	7,100	175	115	65	10	0	0	0	0	810	0
7,100	7,200	175	120	65	15	0	0	0	0	840	0
7,200	7,300	180	125	70	15	0	0	0	0	860	0
7,300	7,400	185	125	75	20	0	0	0	0	890	0
7,400	7,500	185	130	75	25	0	0	0	0	920	0
7,500	7,600	190	135	80	30	0	0	0	0	960	0
7,600	7,700	195	135	85	30	0	0	0	0	990	0
7,700	7,800	200	140	85	35	0	0	0	0	1,020	0
7,800	7,900	200	150	90	40	0	0	0	0	1,060	0
7,900	8,000	205	150	95	40	0	0	0	0	1,090	0
8,000	8,100	210	155	100	45	0	0	0	0	1,120	0
8,100	8,200	210	160	100	50	0	0	0	0	1,150	0
8,200	8,300	215	165	105	50	0	0	0	0	1,190	0
8,300	8,400	220	165	110	55	5	0	0	0	1,230	0
8,400	8,500	220	170	110	60	5	0	0	0	1,260	0
8,500	8,600	225	175	115	65	10	0	0	0	1,300	0
8,600	8,700	230	175	120	65	15	0	0	0	1,330	0
8,700	8,800	235	180	120	70	15	0	0	0	1,360	0
8,800	8,900	235	185	125	75	20	0	0	0	1,400	0
8,900	9,000	240	185	130	75	25	0	0	0	1,430	0
9,000	9,100	245	190	135	80	25	0	0	0	1,460	0
9,100	9,200	245	195	135	85	30	0	0	0	1,490	0
9,200	9,300	250	200	140	85	35	0	0	0	1,530	0
9,300	9,400	255	200	150	90	40	0	0	0	1,560	3
9,400	9,500	255	205	150	95	40	0	0	0	1,590	6
9,500	9,600	260	210	155	100	45	0	0	0	1,630	10
9,600	9,700	265	210	160	100	50	0	0	0	1,670	13
9,700	9,800	270	215	160	105	50	0	0	0	1,710	17
9,800	9,900	270	220	165	110	55	0	0	0	1,750	20
9,900	10,000	275	220	170	110	60	5	0	0	1,780	24
10,000	10,100	280	225	175	115	65	10	0	0	1,800	27
10,100	10,200	290	230	175	120	65	15	0	0	1,830	31
10,200	10,300	300	235	180	125	70	20	0	0	1,850	34
10,300	10,400	305	240	185	125	75	20	0	0	1,880	38
10,400	10,500	315	240	190	130	80	25	0	0	1,910	41
10,500	10,600	320	245	195	135	85	30	0	0	1,940	45
10,600	10,700	330	250	195	140	85	35	0	0	1,970	49
10,700	10,800	340	255	200	150	90	40	0	0	2,000	53
10,800	10,900	345	260	205	150	95	40	0	0	2,040	56
10,900	11,000	355	260	210	155	100	45	0	0	2,070	60
11,000	11,100	360	265	215	160	105	50	0	0	2,110	63
11,100	11,200	370	270	215	165	105	55	0	0	2,140	67
11,200	11,300	380	275	220	170	110	60	5	0	2,170	70
11,300	11,400	385	280	225	170	115	60	10	0	2,220	74
11,400	11,500	400	290	230	175	120	65	15	0	2,250	77
11,500	11,600	405	295	235	180	125	70	15	0	2,280	81
11,600	11,700	415	305	235	185	125	75	20	0	2,320	84
11,700	11,800	425	310	240	190	130	80	25	0	2,350	88
11,800	11,900	430	320	245	190	135	80	30	0	2,380	91
11,900	12,000	440	330	250	195	140	85	35	0	2,420	95

(三)　(12,000円～16,999円)

その日の社会保険料等控除後の給与等の金額		甲								乙	丙
		扶養親族等の数									
		0人	1人	2人	3人	4人	5人	6人	7人		
以上	未満	税額								税額	税額
円	円	円	円	円	円	円	円	円	円	円	円
12,000	12,100	445	335	255	200	150	90	35	0	2,450	99
12,100	12,200	455	345	255	205	150	95	40	0	2,480	103
12,200	12,300	465	350	260	210	155	100	45	0	2,520	106
12,300	12,400	470	360	265	210	160	100	50	0	2,550	110
12,400	12,500	480	370	270	215	165	105	55	0	2,580	113
12,500	12,600	485	375	275	220	170	110	55	5	2,610	117
12,600	12,700	495	385	280	225	170	115	60	10	2,640	120
12,700	12,800	505	395	285	230	175	120	65	10	2,680	124
12,800	12,900	510	405	295	230	180	120	70	15	2,740	127
12,900	13,000	520	415	305	235	185	125	75	20	2,790	131
13,000	13,100	525	420	310	240	190	130	75	25	2,850	134
13,100	13,200	535	430	320	245	190	135	80	30	2,900	138
13,200	13,300	545	435	325	250	195	140	85	30	2,960	141
13,300	13,400	550	445	335	250	200	140	90	35	3,010	146
13,400	13,500	560	455	345	255	205	150	95	40	3,070	149
13,500	13,600	565	460	350	260	210	155	95	45	3,120	153
13,600	13,700	575	470	360	265	210	160	100	50	3,190	156
13,700	13,800	585	475	365	270	215	165	105	50	3,240	160
13,800	13,900	590	485	375	270	220	165	110	55	3,300	164
13,900	14,000	600	495	385	275	225	170	115	60	3,360	168
14,000	14,100	605	500	395	285	230	175	115	65	3,410	172
14,100	14,200	615	510	405	295	230	180	120	70	3,470	176
14,200	14,300	625	515	410	300	235	185	125	70	3,520	180
14,300	14,400	635	525	420	310	240	185	130	75	3,580	184
14,400	14,500	645	535	430	315	245	190	135	80	3,630	188
14,500	14,600	650	540	435	325	250	195	135	85	3,700	192
14,600	14,700	660	550	445	335	250	200	140	90	3,750	197
14,700	14,800	675	555	450	340	255	205	150	90	3,810	201
14,800	14,900	690	565	460	350	260	205	155	95	3,870	205
14,900	15,000	705	575	470	355	265	210	160	100	3,920	209
15,000	15,100	725	580	475	365	270	215	160	105	3,980	213
15,100	15,200	740	590	485	375	270	220	165	110	4,030	217
15,200	15,300	755	595	490	380	275	225	170	110	4,090	221
15,300	15,400	770	605	500	395	285	225	175	115	4,150	225
15,400	15,500	785	615	510	400	290	230	180	120	4,210	229
15,500	15,600	805	620	515	410	300	235	180	125	4,260	233
15,600	15,700	820	635	525	420	310	240	185	130	4,320	237
15,700	15,800	835	640	530	425	315	245	190	130	4,370	241
15,800	15,900	850	650	540	435	325	245	195	135	4,430	246
15,900	16,000	865	660	550	440	330	250	200	140	4,480	250
16,000	16,100	890	670	555	450	340	255	200	150	4,530	254
16,100	16,200	905	690	565	460	350	260	205	155	4,590	258
16,200	16,300	920	705	570	465	355	265	210	155	4,650	262
16,300	16,400	935	720	580	475	365	265	215	160	4,700	266
16,400	16,500	950	735	590	480	370	270	220	165	4,750	270
16,500	16,600	970	750	595	490	380	275	220	170	4,810	274
16,600	16,700	985	770	605	500	395	280	225	175	4,860	278
16,700	16,800	1,000	785	610	505	400	290	230	175	4,910	282
16,800	16,900	1,015	800	620	515	410	300	235	180	4,960	286
16,900	17,000	1,030	815	635	520	415	305	240	185	5,020	290

(四)

（17,000円～21,999円）

その日の社会保険料等控除後の給与等の金額		甲								乙	丙
		扶養親族等の数									
		0人	1人	2人	3人	4人	5人	6人	7人		
以上	未満	税額								税額	税額
円	円	円	円	円	円	円	円	円	円	円	円
17,000	17,100	1,050	830	640	530	425	315	240	190	5,070	295
17,100	17,200	1,065	850	650	540	435	320	245	195	5,130	299
17,200	17,300	1,080	865	655	545	440	330	250	195	5,180	303
17,300	17,400	1,095	885	670	555	450	340	255	200	5,240	307
17,400	17,500	1,110	900	685	560	455	345	260	205	5,290	311
17,500	17,600	1,135	915	700	570	465	355	260	210	5,340	315
17,600	17,700	1,150	935	715	580	475	360	265	215	5,380	319
17,700	17,800	1,165	950	735	585	480	370	270	215	5,430	323
17,800	17,900	1,180	965	750	595	490	380	275	220	5,480	327
17,900	18,000	1,195	980	765	600	495	385	280	225	5,530	331
18,000	18,100	1,215	995	780	610	505	400	290	230	5,580	335
18,100	18,200	1,230	1,015	795	620	515	405	295	235	5,630	339
18,200	18,300	1,245	1,030	815	625	520	415	305	235	5,680	344
18,300	18,400	1,260	1,045	830	640	530	425	310	240	5,730	348
18,400	18,500	1,280	1,065	845	650	540	430	320	245	5,780	352
18,500	18,600	1,300	1,080	865	655	545	440	330	250	5,830	356
18,600	18,700	1,315	1,100	890	670	555	450	340	255	5,870	360
18,700	18,800	1,335	1,115	905	690	565	460	350	260	5,920	364
18,800	18,900	1,350	1,140	925	710	575	470	355	265	5,970	368
18,900	19,000	1,375	1,160	940	725	585	475	365	270	6,020	372
19,000	19,100	1,395	1,175	960	745	590	485	375	275	6,070	376
19,100	19,200	1,410	1,195	980	760	600	495	385	280	6,120	384
19,200	19,300	1,430	1,210	995	780	610	505	400	290	6,170	393
19,300	19,400	1,445	1,230	1,015	800	620	515	405	295	6,220	401
19,400	19,500	1,465	1,250	1,030	815	635	520	415	305	6,270	409
19,500	19,600	1,485	1,265	1,050	835	640	530	425	315	6,320	417
19,600	19,700	1,500	1,285	1,070	850	650	540	435	325	6,360	425
19,700	19,800	1,520	1,300	1,085	870	660	550	445	335	6,410	433
19,800	19,900	1,535	1,320	1,105	895	675	560	450	340	6,460	442
19,900	20,000	1,555	1,340	1,125	910	695	565	460	350	6,510	450
20,000	20,100	1,575	1,355	1,145	930	715	575	470	360	6,570	458
20,100	20,200	1,590	1,380	1,165	945	730	585	480	370	6,610	466
20,200	20,300	1,615	1,395	1,180	965	750	595	490	380	6,660	474
20,300	20,400	1,630	1,415	1,200	985	765	605	495	385	6,710	482
20,400	20,500	1,650	1,435	1,215	1,000	785	610	505	400	6,760	491
20,500	20,600	1,670	1,450	1,235	1,020	805	620	515	410	6,810	499
20,600	20,700	1,685	1,470	1,255	1,035	820	635	525	420	6,850	507
20,700	20,800	1,705	1,485	1,270	1,055	840	645	535	430	6,900	515
20,800	20,900	1,720	1,505	1,290	1,075	855	655	540	435	6,950	523
20,900	21,000	1,740	1,525	1,305	1,090	880	665	550	445	7,000	531
21,000	21,100	1,760	1,540	1,325	1,110	900	680	560	455	7,060	540
21,100	21,200	1,775	1,560	1,345	1,130	915	700	570	465	7,100	548
21,200	21,300	1,795	1,575	1,365	1,150	935	720	580	475	7,150	556
21,300	21,400	1,810	1,595	1,385	1,170	950	735	585	480	7,180	564
21,400	21,500	1,830	1,620	1,400	1,185	970	755	595	490	7,210	572
21,500	21,600	1,855	1,635	1,420	1,205	990	770	605	500	7,250	580
21,600	21,700	1,870	1,655	1,440	1,220	1,005	790	615	510	7,280	589
21,700	21,800	1,890	1,670	1,455	1,240	1,025	810	625	520	7,310	597
21,800	21,900	1,905	1,690	1,475	1,260	1,040	825	635	525	7,340	605
21,900	22,000	1,925	1,710	1,490	1,275	1,060	845	645	535	7,380	613

（五）　　　　　　　　　　　　　　　　　　　　　　　　　　　（22,000円～56,999円）

その日の社会保険料等控除後の給与等の金額		甲								乙	丙
		扶養親族等の数									
		0人	1人	2人	3人	4人	5人	6人	7人		
以上	未満	税額								税額	税額
円	円	円	円	円	円	円	円	円	円	円	円
22,000	22,100	1,945	1,725	1,510	1,295	1,080	860	655	545	7,410	621
22,100	22,200	1,960	1,745	1,530	1,310	1,095	885	670	555	7,440	629
22,200	22,300	1,980	1,760	1,545	1,330	1,115	905	685	565	7,480	638
22,300	22,400	1,995	1,780	1,565	1,350	1,135	920	705	570	7,510	646
22,400	22,500	2,015	1,800	1,580	1,370	1,155	940	720	580	7,550	654
22,500	22,600	2,035	1,815	1,600	1,390	1,175	955	740	590	7,590	662
22,600	22,700	2,050	1,835	1,625	1,405	1,190	975	760	600	7,620	670
22,700	22,800	2,070	1,855	1,640	1,425	1,210	995	775	610	7,650	678
22,800	22,900	2,085	1,875	1,660	1,445	1,225	1,010	795	615	7,700	687
22,900	23,000	2,110	1,895	1,675	1,460	1,245	1,030	810	625	7,750	695
23,000	23,100	2,130	1,910	1,695	1,480	1,265	1,045	830	640	7,800	703
23,100	23,200	2,145	1,930	1,715	1,495	1,280	1,065	850	650	7,850	711
23,200	23,300	2,165	1,945	1,730	1,515	1,300	1,085	865	660	7,900	719
23,300	23,400	2,180	1,965	1,750	1,535	1,315	1,100	890	675	7,950	727
23,400	23,500	2,200	1,985	1,765	1,550	1,335	1,125	905	690	8,000	736
23,500	23,600	2,220	2,000	1,785	1,570	1,355	1,140	925	710	8,070	744
23,600	23,700	2,235	2,020	1,805	1,590	1,375	1,160	945	730	8,120	752
23,700	23,800	2,255	2,040	1,825	1,615	1,395	1,180	965	750	8,170	760
23,800	23,900	2,275	2,060	1,850	1,635	1,415	1,200	985	770	8,220	768
23,900	24,000	2,295	2,080	1,870	1,655	1,435	1,220	1,005	790	8,270	776
24,000円		2,305	2,095	1,880	1,665	1,445	1,230	1,015	800	8,320	785
24,000円を超え26,000円に満たない金額		24,000円の場合の税額に，その日の社会保険料等控除後の給与等の金額のうち24,000円を超える金額の20.42％に相当する金額を加算した金額								8,320円に，その日の社会保険料等控除後の給与等の金額のうち24,000円を超える金額の40.84％に相当する金額を加算した金額	785円に，その日の社会保険料等控除後の給与等の金額のうち24,000円を超える金額の10.21％に相当する金額を加算した金額
26,000円		円 2,715	円 2,505	円 2,290	円 2,075	円 1,855	円 1,640	円 1,425	円 1,210		円 989
26,000円を超え32,000円に満たない金額		26,000円の場合の税額に，その日の社会保険料等控除後の給与等の金額のうち26,000円を超える金額の23.483％に相当する金額を加算した金額									989円に，その日の社会保険料等控除後の給与等の金額のうち26,000円を超える金額の20.42％に相当する金額を加算した金額
32,000円		円 4,125	円 3,915	円 3,700	円 3,485	円 3,265	円 3,050	円 2,835	円 2,620		円 2,214
32,000円を超え57,000円に満たない金額		32,000円の場合の税額に，その日の社会保険料等控除後の給与等の金額のうち32,000円を超える金額の33.693％に相当する金額を加算した金額									2,214円に，その日の社会保険料等控除後の給与等の金額のうち32,000円を超える金額の25.525％に相当する金額を加算した金額

（六）　　　　（57,000円～）

その日の社会保険料等控除後の給与等の金額（以上／未満）	甲 扶養親族等の数 0人 税額	1人	2人	3人	4人	5人	6人	7人	乙 税額	丙 税額
57,000円	円 12,550	円 12,340	円 12,125	円 11,910	円 11,690	円 11,475	円 11,260	円 11,045	円 21,800	円 8,595
57,000円を超え72,500円に満たない金額	57,000円の場合の税額に，その日の社会保険料等控除後の給与等の金額のうち57,000円を超える金額の40.84％に相当する金額を加算した金額								21,800円に，その日の社会保険料等控除後の給与等の金額のうち57,000円を超える金額の45.945％に相当する金額を加算した金額	8,595円に，その日の社会保険料等控除後の給与等の金額のうち57,000円を超える金額の33.693％に相当する金額を加算した金額
72,500円	円 19,060	円 18,845	円 18,635	円 18,420	円 18,200	円 17,985	円 17,770	円 17,555		
72,500円を超え73,500円に満たない金額	72,500円の場合の税額に，その日の社会保険料等控除後の給与等の金額のうち72,500円を超える金額の40.84％に相当する金額を加算した金額									
73,500円	円 19,655	円 19,440	円 19,225	円 19,010	円 18,790	円 18,575	円 18,360	円 18,150		
73,500円を超え75,000円に満たない金額	73,500円の場合の税額に，その日の社会保険料等控除後の給与等の金額のうち73,500円を超える金額の40.84％に相当する金額を加算した金額									
75,000円	円 20,450	円 20,235	円 20,020	円 19,805	円 19,585	円 19,375	円 19,160	円 18,945		
75,000円を超え116,500円に満たない金額	75,000円の場合の税額に，その日の社会保険料等控除後の給与等の金額のうち75,000円を超える金額の40.84％に相当する金額を加算した金額									
116,500円	円 37,400	円 37,185	円 36,970	円 36,755	円 36,535	円 36,325	円 36,110	円 35,895		円 28,643
116,500円を超える金額	116,500円の場合の税額に，その日の社会保険料等控除後の給与等の金額のうち116,500円を超える金額の45.945％に相当する金額を加算した金額									28,643円に，その日の社会保険料等控除後の給与等の金額のうち116,500円を超える金額の40.84％に相当する金額を加算した金額

（七）

その日の社会保険料等控除後の給与等の金額		甲								乙	丙
		扶養親族等の数									
		0人	1人	2人	3人	4人	5人	6人	7人		
以上	未満	税額								税額	税額
扶養親族等の数が7人を超える場合には，扶養親族等の数が7人の場合の税額から，その7人を超える1人ごとに50円を控除した金額										従たる給与についての扶養控除等申告書が提出されている場合には，当該申告書に記載された扶養親族等の数に応じ，扶養親族等1人ごとに50円を，上の各欄によって求めた税額から控除した金額	—

（注）　この表における用語の意味は，次のとおりです。

1 「扶養親族」とは，源泉控除対象配偶者及び控除対象扶養親族をいいます。

2 「社会保険料等」とは，所得税法第74条第2項（社会保険料控除）に規定する社会保険料及び同法第75条第2項（小規模企業共済等掛金控除）に規定する小規模企業共済等掛金をいいます。

（備考）　税額の求め方は，次のとおりです。

1 「給与所得者の扶養控除等申告書」（以下この表において「扶養控除等申告書」といいます。）の提出があった人

(1) まず，その人のその日の給与等の金額から，その給与等の金額から控除される社会保険料等の金額を控除した金額を求めます。

(2) 次に，扶養控除等申告書により申告された扶養親族等（その申告書に記載がされていないものとされる源泉控除対象配偶者を除きます。また，扶養親族等が国外居住親族である場合には，親族に該当する旨を証する書類が扶養控除申告書に添付され，又は当該書類が扶養控除申告書の提出の際に提示された扶養親族等に限ります。）の数が7人以下である場合には，(1)により求めた金額に応じて「その日の社会保険料等控除後の給与等の金額」欄の該当する行を求め，その行と扶養親族等の数に応じた甲欄の該当欄との交わるところに記載されている金額を求めます。これが求める税額です。

(3) 扶養控除等申告書により申告された扶養親族等の数が7人を超える場合には，(1)により求めた金額に応じて，扶養親族等の数が7人であるものとして(2)により求めた税額から，扶養親族等の数が7人を超える1人ごとに50円を控除した金額を求めます。これが求める税額です。

(4) (2)及び(3)の場合において，扶養控除等申告書にその人が障害者（特別障害者を含みます。），寡婦，ひとり親又は勤労学生に該当する旨の記載があるときは，扶養親族等の数にこれらの一に該当するごとに1人を加算した数を，扶養控除等申告書にその人の同一生計配偶者又は扶養親族のうちに障害者（特別障害者を含みます。）又は同居特別障害者（障害者（特別障害者を含みます。）又は同居特別障害者が国外居住親族である場合には，親族に該当する旨を証する書類が扶養控除等申告書に添付され，又は当該書類が扶養控除等申告書の提出の際に提示された障害者（特別障害者を含みます。）又は同居特別障害者に限ります。）に該当する人がいる旨の記載があるときは，扶養親族等の数にこれらの一に該当するごとに1人を加算した数を，それぞれ(2)及び(3)の扶養親族等の数とします。

2 扶養控除等申告書の提出がない人（「従たる給与についての扶養控除等申告書」の提出があった人を含みます。）

(1) (2)に該当する場合を除き，その人のその日の給与等の金額から，その給与等の金額から控除される社会保険料等の金額を控除し，その控除後の金額に応じて「その日の社会保険料等控除後の給与等の金額」欄の該当する行を求め，その行と乙欄との交わるところに記載されている金額（「従たる給与についての扶養控除等申告書」の提出があった場合には，その申告書により申告された扶養親族等（その申告書に記載がされていないものとされる源泉控除対象配偶者を除きます。）の数に応じ，扶養親族等1人ごとに50円を控除した金額）を求めます。これが求める税額です。

(2) その給与等が所得税法第185条第1項第3号（労働した日ごとに支払われる給与等）に掲げる給与等であるときは，その人のその日の給与等の金額から，その給与等の金額から控除される社会保険料等の金額を控除し，その控除後の金額に応じて「その日の社会保険料等控除後の給与等の金額」欄の該当する行を求め，その行と丙欄との交わるところに記載されている金額を求めます。これが求める税額です。

ただし，継続して2か月を超えて支払うこととなった場合には，その2か月を超える部分の期間につき支払われる給与等は，労働した日ごとに支払われる給与等には含まれませんので，税額の求め方は1又は2(1)によります。

賞与に対する源泉徴収税額の算出率の表（令和６年分）

（平成24年３月31日財務省告示第115号別表第三（令和２年３月31日財務省告示第81号改正））

賞与の金額に乗ずべき率	甲							
	扶養親族							
	０人		１人		２人		３人	
	前月の社会保険料等控							
	以上	未満	以上	未満	以上	未満	以上	未満
%	千円	千円	千円	千円	千円	千円	千円	千円
0.000	68千円未満		94千円未満		133千円未満		171千円未満	
2.042	68	79	94	243	133	269	171	295
4.084	79	252	243	282	269	312	295	345
6.126	252	300	282	338	312	369	345	398
8.168	300	334	338	365	369	393	398	417
10.210	334	363	365	394	393	420	417	445
12.252	363	395	394	422	420	450	445	477
14.294	395	426	422	455	450	484	477	510
16.336	426	520	455	520	484	520	510	544
18.378	520	601	520	617	520	632	544	647
20.420	601	678	617	699	632	721	647	745
22.462	678	708	699	733	721	757	745	782
24.504	708	745	733	771	757	797	782	823
26.546	745	788	771	814	797	841	823	868
28.588	788	846	814	874	841	902	868	931
30.630	846	914	874	944	902	975	931	1,005
32.672	914	1,312	944	1,336	975	1,360	1,005	1,385
35.735	1,312	1,521	1,336	1,526	1,360	1,526	1,385	1,538
38.798	1,521	2,621	1,526	2,645	1,526	2,669	1,538	2,693
41.861	2,621	3,495	2,645	3,527	2,669	3,559	2,693	3,590
45.945	3,495千円以上		3,527千円以上		3,559千円以上		3,590千円以上	

（注）　この表における用語の意味は，次のとおりです。

1　「扶養親族」とは，源泉控除対象配偶者及び控除対象扶養親族をいいます。

2　「社会保険料等」とは，所得税法第74条第２項（社会保険料控除）に規定する社会保険料及び同法第75条第２項（小規模企業共済等掛金控除）に規定する小規模企業共済等掛金をいいます。また，「賞与の金額に乗ずべき率」の賞与の金額とは，賞与の金額から控除される社会保険料等の金額がある場合には，その社会保険料等控除後の金額をいいます。

（備考）　賞与の金額に乗ずべき率の求め方は，次のとおりです。

1　「給与所得者の扶養控除等申告書」（以下この表において「扶養控除等申告書」といいます。）の提出があった人（４に該当する場合を除きます。）

(1)　まず，その人の前月中の給与等（賞与を除きます。以下この表において同じです。）の金額から，その給与等の金額から控除される社会保険料等の金額（以下この表において「前月中の社会保険料等の金額」といいます。）を控除した金額を求めます。

(2)　次に，扶養控除等申告書により申告された扶養親族等（その申告書に記載がされていないものとされる源泉控除対象配偶者を除きます。また，扶養親族等が国外居住親族である場合には，親族に該当する旨を証する書類が扶養控除等申告書等に添付され，又は当該書類が扶養控除等申告書の提出の際に提示された扶養親族等に限ります。）の数と(1)により求めた金額とに応じて甲欄の「前月の社会保険料等控除後の給与等の金額」欄の該当する行を求めます。

(3)　(2)により求めた行と「賞与の金額に乗ずべき率」欄との交わるところに記載されている率を求めます。これが求める率です。

2　１の場合において，扶養控除等申告書にその人が障害者（特別障害者を含みます。），寡婦，ひとり親又は勤労学生に該当する旨の記載があるときは，扶養親族等の数にこれらの一に該当するごとに１人を加算した数を，扶養控除等申告書にその人の同一生計配偶者又は扶養親族のうちに障害者（特別障害者を含みます。）又は同居特別障害者（障害者（特別障害者を含みます。）又は同居特別障害者が国外居住親族である場合には，親族に該当する旨を証する書類が扶養控除等申告書に添付され，又は当該書類が扶養控除等申告書の提出の際に提示された障害者（特別障害者を含みます。）又は同居特別障害者に限ります。）に該当する人がいる旨の記載があるときは，扶養親族等の数にこれらの一に該当するごとに１人を加算した数を，それぞれ扶養親族等の数とします。

等		の				数		乙	
4人		5人		6人		7人以上			
除後の給与等の金額								前月の社会保険料等控除後の給与等の金額	
以上	未満	以上	未満	以上	未満	以上	未満	以上	未満
千円	千円	千円	千円	千円	千円	千円	千円	千円	千円
210千円未満		243千円未満		275千円未満		308千円未満			
210	300	243	300	275	333	308	372		
300	378	300	406	333	431	372	456		
378	424	406	450	431	476	456	502		
424	444	450	472	476	499	502	523		
444	470	472	496	499	521	523	545	222千円未満	
470	503	496	525	521	547	545	571		
503	534	525	557	547	582	571	607		
534	570	557	597	582	623	607	650		
570	662	597	677	623	693	650	708		
662	768	677	792	693	815	708	838	222	293
768	806	792	831	815	856	838	880		
806	849	831	875	856	900	880	926		
849	896	875	923	900	950	926	978		
896	959	923	987	950	1,015	978	1,043		
959	1,036	987	1,066	1,015	1,096	1,043	1,127	293	524
1,036	1,409	1,066	1,434	1,096	1,458	1,127	1,482		
1,409	1,555	1,434	1,555	1,458	1,555	1,482	1,583		
1,555	2,716	1,555	2,740	1,555	2,764	1,583	2,788	524	1,118
2,716	3,622	2,740	3,654	2,764	3,685	2,788	3,717		
3,622千円以上		3,654千円以上		3,685千円以上		3,717千円以上		1,118千円以上	

3　扶養控除等申告書の提出がない人（「従たる給与についての扶養控除等申告書」の提出があった人を含み，4に該当する場合を除きます。）

(1)　その人の前月中の給与等の金額から前月中の社会保険料等の金額を控除した金額を求めます。

(2)　(1)により求めた金額に応じて乙欄の「前月の社会保険料等控除後の給与等の金額」欄の該当する行を求めます。

(3)　(2)により求めた行と「賞与の金額に乗ずべき率」欄との交わるところに記載されている率を求めます。これが求める率です。

4　前月中の給与等の金額がない場合や前月中の給与等の金額が前月中の社会保険料等の金額以下である場合又はその賞与の金額（その金額から控除される社会保険料等の金額がある場合には，その控除後の金額）が前月中の給与等の金額から前月中の社会保険料等の金額を控除した金額の10倍に相当する金額を超える場合には，この表によらず，平成24年３月31日財務省告示第115号（平成31年３月29日財務省告示第97号改正）第３項第１号イ(2)若しくはロ(2)又は第２号の規定により，月額表を使って税額を計算します。

5　１から４までの場合において，その人の受ける給与等の支給期が月の整数倍の期間ごとと定められているときは，その賞与の支払の直前に支払を受けた若しくは支払を受けるべき給与等の金額又はその給与等の金額から控除される社会保険料等の金額をその倍数で除して計算した金額を，それぞれ前月中の給与等の金額又はその金額から控除される社会保険料等の金額とみなします。

源泉徴収のための退職所得控除額の表（令和６年分）

（所得税法別表第六）

勤続年数	退職所得控除額		勤続年数	退職所得控除額	
	一般退職の場合	障害退職の場合		一般退職の場合	障害退職の場合
	千円	千円		千円	千円
２年以下	800	1,800	24　年	10,800	11,800
			25　年	11,500	12,500
			26　年	12,200	13,200
3　年	1,200	2,200	27　年	12,900	13,900
4　年	1,600	2,600	28　年	13,600	14,600
5　年	2,000	3,000	29　年	14,300	15,300
6　年	2,400	3,400	30　年	15,000	16,000
7　年	2,800	3,800	31　年	15,700	16,700
8　年	3,200	4,200	32　年	16,400	17,400
9　年	3,600	4,600	33　年	17,100	18,100
10　年	4,000	5,000	34　年	17,800	18,800
11　年	4,400	5,400	35　年	18,500	19,500
12　年	4,800	5,800	36　年	19,200	20,200
13　年	5,200	6,200	37　年	19,900	20,900
14　年	5,600	6,600	38　年	20,600	21,600
15　年	6,000	7,000	39　年	21,300	22,300
16　年	6,400	7,400	40　年	22,000	23,000
17　年	6,800	7,800			
18　年	7,200	8,200	41年以上	22,000千円に，勤続年数が40年を超える１年ごとに700千円を加算した金額	23,000千円に，勤続年数が40年を超える１年ごとに700千円を加算した金額
19　年	7,600	8,600			
20　年	8,000	9,000			
21　年	8,700	9,700			
22　年	9,400	10,400			
23　年	10,100	11,100			

（注）　この表における用語の意味は，次のとおりです。

1　「勤続年数」とは，退職手当等の支払を受ける人が，退職手当等の支払者の下においてその退職手当等の支払の基因となった退職の日まで引き続き勤務した期間により計算した一定の年数をいいます（所得税法施行令第69条）。

2　「障害退職の場合」とは，障害者になったことに直接基因して退職したと認められる一定の場合をいいます（所得税法第30条第６項第３号）。

3　「一般退職の場合」とは，障害退職の場合以外の退職の場合をいいます。

（備考）

1　退職所得控除額は，２に該当する場合を除き，退職手当等に係る勤続年数に応じ「勤続年数」欄の該当する行に当てはめて求めます。この場合，一般退職のときはその行の「退職所得控除額」の「一般退職の場合」欄に記載されている金額が，また，障害退職のときはその行の「退職所得控除額」の「障害退職の場合」欄に記載されている金額が，それぞれその退職手当等に係る退職所得控除額です。

2　所得税法第30条第６項第１号（退職所得控除額の計算の特例）に掲げる場合に該当するときは，同項の規定に準じて計算した金額が，その退職手当等に係る退職所得控除額です。

課税退職所得金額の算式の表（令和６年分）

退職手当等の区分	課税退職所得金額
一般退職手当等(※1)の場合	（一般退職手当等の収入金額 − 退職所得控除額）× $\frac{1}{2}$
短期退職手当等(※2)の場合	①　短期退職手当等の収入金額－退職所得控除額≦300万円の場合 （短期退職手当等の収入金額 − 退職所得控除額）× $\frac{1}{2}$
	②　短期退職手当等の収入金額－退職所得控除額＞300万円の場合 150万円＋｛短期退職手当等の収入金額－（300万円＋退職所得控除額）｝
特定役員退職手当等(※3)の場合	特定役員退職手当等の収入金額－退職所得控除額

（※）　1　一般退職手当等とは，退職手当等のうち，短期退職手当等及び特定役員退職手当等のいずれにも該当しないものをいいます。

2　短期退職手当等とは，短期勤続年数（役員等以外の者として勤務した期間により計算した勤続年数が５年以下であるものをいい，この勤続年数については，役員等として勤務した期間がある場合には，その期間を含めて計算します。）に対応する退職手当等として支払を受けるものであって，特定役員退職手当等に該当しないものをいいます。

3　特定役員退職手当等とは，役員等としての勤続年数（以下「役員等勤続年数」といいます。）が５年以下である人が支払を受ける退職手当等のうち，その役員等勤続年数に対応する退職手当等として支払を受けるものをいいます。

（注）　1　課税退職所得金額に1,000円未満の端数があるときは，これを切り捨てます。

2　本年中に一般退職手当等，特定役員退職手当等又は短期退職手当等のうち２以上の退職手当等がある場合の課税退職所得金額の計算方法については，国税庁ホームページ【https://www.nta.go.jp】に掲載している「短期退職手当等 Q&A」をご確認ください。

退職所得の源泉徴収税額の速算表（令和６年分）

課税退職所得金額(A)	所得税率(B)	控除額(C)	税額＝((A)×(B)−(C))×102.1%
1,950,000円以下	5%	—	((A)× 5%)×102.1%
1,950,000円超 3,300,000円 〃	10%	97,500円	((A)×10% − 97,500円)×102.1%
3,300,000円〃 6,950,000円 〃	20%	427,500円	((A)×20% − 427,500円)×102.1%
6,950,000円〃 9,000,000円 〃	23%	636,000円	((A)×23% − 636,000円)×102.1%
9,000,000円〃 18,000,000円 〃	33%	1,536,000円	((A)×33% −1,536,000円)×102.1%
18,000,000円〃 40,000,000円 〃	40%	2,796,000円	((A)×40% −2,796,000円)×102.1%
40,000,000円〃	45%	4,796,000円	((A)×45% −4,796,000円)×102.1%

（注） 求めた税額に１円未満の端数があるときは，これを切り捨てます。

月額表の甲欄を適用する給与等に対する源泉徴収税額の電算機計算の特例

給与所得に対する源泉所得税及び復興特別所得税の額は，「給与所得の源泉徴収税額表」によって求めることができますが，その給与等の支払額に関する計算を電子計算機などの事務機械によって処理しているときは，月額表の甲欄を適用する給与等については，以下の別表（別表第一～別表第四）を用いて源泉所得税及び復興特別所得税の額を求めることができる特例が設けられています。

〔源泉徴収税額の計算方法〕

その月の社会保険料等を控除した後の給与等の金額(A)から，別表第一により算出した給与所得控除の額及び別表第三により求めた基礎控除の額並びに別表第二に掲げる配偶者（特別）控除の額及び扶養控除の額の合計額を控除した残額（課税給与所得金額(B)）を，別表第四に当てはめて源泉徴収すべき税額を求めます。

〔電子計算機等を使用して源泉徴収税額を計算する方法（平成24年３月31日財務省告示第116号（令和３年３月31日財務省告示第89号改正））（令和６年分）〕

別表第一

その月の社会保険料等控除後の給与等の金額(A)		給与所得控除の額
以上	以下	
円	円	
——	135,416	45,834円
135,417	149,999	(A)×40% − 8,333円
150,000	299,999	(A)×30% ＋ 6,667円
300,000	549,999	(A)×20% ＋36,667円
550,000	708,330	(A)×10% ＋91,667円
708,331 円 以 上		162,500円

（注） 給与所得控除の額に１円未満の端数があるときは，これを切り上げた額をもってその求める給与所得控除の額とします。

別表第二

配偶者（特別）控除の額	31,667円
扶養控除の額	31,667円×控除対象扶養親族の数

別表第三

その月の社会保険料等控除後の給与等の金額(A)		基礎控除の額
以上	以下	
円	円	
——	2,162,499	40,000円
2,162,500	2,204,166	26,667円
2,204,167	2,245,833	13,334円
2,245,834 円 以 上		0円

別表第四

その月の課税給与所得金額(B)		税額の算式
以上	以下	
円	円	
——	162,500	(B)× 5.105%
162,501	275,000	(B)×10.210% − 8,296円
275,001	579,166	(B)×20.420% − 36,374円
579,167	750,000	(B)×23.483% − 54,113円
750,001	1,500,000	(B)×33.693% −130,688円
1,500,001	3,333,333	(B)×40.840% −237,893円
3,333,334 円 以 上		(B)×45.945% −408,061円

（注） 税額に10円未満の端数があるときは，これを四捨五入した額をもってその求める税額とします。

【付録２】主な減価償却資産の耐用年数・償却率等

機械及び装置以外の有形減価償却資産の耐用年数表（抜すい）

（「減価償却資産の耐用年数等に関する省令」別表一）

１　建物

細目	構造別総合又は個別耐用年数(年)							
	鉄骨鉄筋又は鉄筋コンクリート造	れんが、石、ブロック造	金属造 骨格材の肉厚四ミリ超	金属造 骨格材の肉厚三ミリ超～四ミリ以下	金属造 骨格材の肉厚三ミリ以下	木造又は合成樹脂造	木骨モルタル造	簡易建物
事務所又は美術館用のもの及び下記以外のもの	年 50	年 41	年 38	年 30	年 22	年 24	年 22	年
住宅，寄宿舎，宿泊所，学校又は体育館用のもの	47	38	34	27	19	22	20	
飲食店，貸席，劇場，演奏場，映画館又は舞踏場用のもの		38	31	25	19	20	19	
飲食店又は貸席用のもので，延べ面積のうちに占める木造内装部分の面積が３割を超えるもの	34							
その他のもの	41							
旅館用又はホテル用のもの		36	29	24	17	17	15	
延べ面積のうちに占める木造内装部分の面積が３割を超えるもの	31							
その他のもの	39							
店舗用のもの	39	38	34	27	19	22	20	
病院用のもの	39	36	29	24	17	17	15	
変電所，発電所，送受信所，停車場，車庫，格納庫，荷扱所，映画製作ステージ，屋内スケート場，魚市場又はと畜場用のもの	38	34	31	25	19	17	15	
公衆浴場用のもの	31	30	27	19	15	12	11	
工場(作業場を含む。)又は倉庫用のもの								
塩素，塩酸，硫酸，硝酸その他の著しい腐食性を有する液体又は気体の影響を直接全面的に受けるもの，冷蔵倉庫用のもの（倉庫事業の倉庫用のものを除く。）	24	22	20	15	12	9	7	
放射性同位元素の放射線を直接受けるもの	24		20					

塩，チリ硝石その他の著しい潮解性を有する固体を常時蔵置するためのもの及び著しい蒸気の影響を直接全面的に受けるもの	31	28	25	19	14	11	10	
その他のもの				24	17	15	14	
倉庫事業の倉庫用のもの								
冷蔵倉庫用のもの	21	20	19					
その他のもの	31	30	26					
その他のもの	38	34	31					
木製主要柱が10センチメートル角以下のもので，土居ぶき，杉皮ぶき，ルーフィングぶき又はトタンぶきのもの								10
掘立造のもの及び仮設のもの								7

2　建物附属設備

構造用途	細目	耐用年数	構造用途	細目	耐用年数
電気設備	蓄電池電源設備 その他のもの	6 15	エヤーカーテン、ドアー自動開閉設備		12
給排水、衛生、ガス設備		15	アーケード、日よけ	主として金属製のもの その他のもの	15 8
冷暖房通風ボイラー	冷暖房設備（冷凍機の出力22kW 以下） その他のもの	13 15	店用簡易装備		3
昇降機設備	エレベーター エスカレーター	17 15	可動間仕切り	簡易なもの その他のもの	3 15
消火、排煙、災害報知設備、格納式避難設備		8	前掲以外	主として金属製のもの その他のもの	18 10

3　構築物

構造用途	細目	耐用年数	構造用途	細目	耐用年数
発電用	小水力発電用（農山漁村電気導入促進法による） その他の水力発電用（貯水池，調整池，水路） 汽力発電用（岸壁，さん橋，堤防，防波堤，煙突，その他）	30 57 41	配電用	鉄塔，鉄柱 鉄筋コンクリート柱 木柱 配電線 引込線 添架電話線 地中電線路	50 42 15 30 20 30 25
送電用	地中電線路 塔，柱，がい子，送電線，地線，添加電話線	25 36	電気通信事業用	通信ケーブル 光ファイバー製のもの その他のもの	 10 13

用途	細目	耐用年数
電気通信事業用	地中電線路	27
	その他の線路設備	21
放送・無線通信用	鉄塔及び鉄柱	
	円筒空中線式	30
	その他のもの	40
	鉄筋コンクリート柱	42
	木塔・木柱	10
	アンテナ，接地線，放送用配線	10
農林業用	主としてコンクリート造，れんが造，石造又はブロック造のもの	
	果樹棚又はホップ棚	14
	その他のもの	17
	主として金属造のもの	14
	主として木造のもの	5
	土管を主としたもの	10
	その他のもの	8
広告用	金属造のもの	20
	その他のもの	10
緑化施設及び庭園	工場緑化施設	7
	その他の緑化施設及び庭園（工場緑化施設に含まれるものを除く。）	20
舗装道路・路面	コンクリート，ブロック，れんが，石敷	15
	アスファルト，木れんが敷	10
	ビチューマルス敷	3
へい	鉄骨・鉄筋コンクリート造	30
	コンクリート造	15
	れんが造	25
	石　造	35
	土　造	20
	金属・木造	10
焼却炉、煙突	鉄骨・鉄筋コンクリート造	35
	れんが造	25
	金属造	10

4　車両及び運搬具

構造用途	細　目	耐用年数
特殊自動車	消防車，救急車，レントゲン車，散水車，放送宣伝車，移動無線車及びチップ製造車	5
	モータースィーパー，除雪車	4
	タンク車，じんかい車，し尿車，寝台車，霊きゅう車，トラックミキサーその他特殊車体を架装したもの	
	小型車（総排気量が２ℓ以下，ただしじんかい車等は積載量が２ｔ以下）	3
	その他のもの	4
運送・貸自動車・自動車教習所用	自動車（二輪又は三輪自動車を含み，乗合自動車を除く。）	
	小型車（貨物自動車にあっては積載量が２ｔ以下，その他のものにあっては総排気量が２ℓ以下）	3
	その他のもの	
	大型乗用車（総排気量が３ℓ以上）	5
運送・貸自動車業用・自動車教習所用	その他のもの	4
	乗合自動車	5
	自転車及びリヤカー	2
	被けん引車その他のもの	4
前掲以外のもの	自動車（二輪・三輪自動車を除く。）	
	小型車（総排気量が0.66ℓ以下）	4
	その他のもの	
	貨物自動車	
	ダンプ式	4
	その他	5
	報道通信用のもの	5
	その他のもの	6
	二輪又は三輪自動車	3
	自転車	2
	鉱山用人車，炭車，鉱車及び台車	
	金属製のもの	7
	その他のもの	4

構造用途	細目	耐用年数	構造用途	細目	耐用年数
前掲のもの以外	フォークリフト	4	前掲のもの以外	その他	
	トロッコ			自走能力を有するもの	7
	金属製のもの	5		その他のもの	4
	その他のもの	3			

5 工具

構造用途	細目	耐用年数	構造用途	細目	耐用年数
測定検査工具		5	切削工具		2
治具・取付工具		3	柱等	金属製柱・カッペ	3
			活字等	購入活字（活字の形状のまま反復使用するものに限る。）	2
				自製活字等に常用される金属	8
ロール	金属圧延用のもの	4	前掲以外	白金ノズル	13
	なつ染ロール，粉砕ロール，混練ロールその他	3		その他のもの	3
型、鍛圧・打抜工具	プレスその他の金属加工用金型，合成樹脂，ゴム・ガラス成型用金型及び鋳造用型	2	前掲区分以外	白金ノズル	13
				その他主として金属製のもの	8
	その他のもの	3		その他のもの	4

6 器具及び備品

構造用途	細目	耐用年数	構造用途	細目	耐用年数
1 家具、電気・ガス機器、家庭用品	事務机・事務いす，キャビネット		1 家具、電気・ガス機器、家庭用品	ラジオ，テレビジョン，テープレコーダーその他音響機器	5
	主として金属製のもの	15		冷房用又は暖房用機器	6
	その他のもの	8		電気冷蔵庫，電気洗濯機その他類似の電気・ガス機器	6
	応接セット			氷冷蔵庫，冷蔵ストッカー（電気式を除く。）	4
	接客業用のもの	5		カーテン，座ぶとん，寝具，丹前その他類似の繊維製品	3
	その他のもの	8		じゅうたんその他床用敷物	
	ベッド	8		小売業用，接客業用，放送用，レコード吹込用，劇場用のもの	3
	児童用机及びいす	5		その他のもの	6
	陳列だな，陳列ケース			室内装飾品	
	冷凍機付又は冷蔵機付のもの	6		主として金属製のもの	15
	その他のもの	8		その他のもの	8
	その他の家具				
	接客業用のもの	5			
	その他のもの				
	主として金属製	15			
	その他のもの	8			

1 家具、電気・ガス機器、家庭用品	食事又はちゅう房用品	
	陶磁器製又はガラス製のもの	2
	その他のもの	5
	その他のもの	
	主として金属製のもの	15
	その他のもの	8
2 事務・通信機器	謄写機器及びタイプライター	
	孔版印刷又は印書業用のもの	3
	その他のもの	5
	電子計算機	
	パーソナルコンピュータ（サーバー用のものを除く。）	4
	その他のもの	5
	複写機，計算機（電子計算機を除く。），金銭登録機，タイムレコーダーその他	5
	その他の事務機器	5
	テレタイプライター	5
	インターホーン，放送用設備	6
	ファクシミリ	5
	電話設備その他の通信機器	
	デジタル構内交換設備及びデジタルボタン電話設備	6
	その他のもの	10
3 時計、試験測定機器	時計	10
	度量衡器	5
	試験又は測定機器	5
4 光学・写真製作機器	オペラグラス	2
	カメラ，映画撮影機，映写機，望遠鏡	5
	引伸機，焼付機，乾燥機，顕微鏡その他	8
5 看板・広告器具	看板，ネオンサイン及び気球	3
	マネキン人形及び模型	2
	その他のもの	
	主として金属製のもの	10
	その他のもの	5
6 容器、金庫	ボンベ	
	溶接製	6
	鍛造製	
	塩素用のもの	8
	その他のもの	10
	ドラムかん，コンテナーその他容器	
	大型コンテナー	7
	その他のもの	
	金属製のもの	3
	その他のもの	2
6 容器、金庫	金庫	
	手さげ金庫	5
	その他のもの	20
7 理・美容機器		5
8 医療機器	消毒殺菌用機器	4
	手術機器	5
	血液透析又は血しょう交換用機器	7
	ハバードタンクその他の作動部分を有する機能回復訓練機器	6
	調剤機器	6
	歯科診療用ユニット	7
	光学検査機器	
	ファイバースコープ	6
	その他のもの	8
	その他のもの	
	レントゲンその他の電子装置使用の機器	
	移動式のもの，救急医療用のもの及び自動血液分析器	4
	その他のもの	6
	その他のもの	
	陶磁器製又はガラス製のもの	3
	主として金属製のもの	10
	その他のもの	5
9 娯楽、スポーツ器具、興行又は演劇用具	たまつき用具	8
	パチンコ，ビンゴその他類似の球戯・射的用具	2
	ご，しょうぎ，まあじゃん等の遊戯具	5
	スポーツ具	3
	劇場用観客いす	3
	どんちょう，幕	5
	衣しょう，かつら，小道具，大道具	2
	その他のもの	
	主として金属製のもの	10
	その他のもの	5
10 生物	植物　貸付業用のもの	2
	その他のもの	15
	動物　魚類	2
	鳥類	4
	その他のもの	8

11 前掲以外	映画フィルム（スライドを含む。），磁気テープ及びレコード	2
	シート及びロープ	2
	きのこ栽培用ほだ木	3
	漁具	3
	葬儀用具	3
	楽器	5
	自動販売機（手動を含む。）	5
11 前掲以外	無人駐車管理装置	5
	焼却炉	5
	その他のもの	
	主として金属製のもの	10
	その他のもの	5
12 前掲区分以外	主として金属製のもの	15
	その他のもの	8

無形減価償却資産の耐用年数表

（「減価償却資産の耐用年数等に関する省令」別表三）

種　　類		耐用年数
漁業権		10
ダム使用権		55
水利権		20
特許権		8
実用新案権		5
意匠権		7
商標権		10
ソフトウエア	複写して販売するための原本	3
	その他のもの	5
育成者権	種苗法4条2項に規定する品種	10
	その他	8
営業権		5
専用側線利用権		30
鉄道軌道連絡通行施設利用権		30
電気ガス供給施設利用権		15
水道施設利用権		15
工業用水道施設利用権		15
電気通信施設利用権		20

開発研究用減価償却資産の耐用年数表

（「減価償却資産の耐用年数等に関する省令」別表六）

種　　類（細目）	耐用年数
建物及び建物附属設備	5
構築物	
風どう，試験水そう，防壁	5
ガス，工業薬品貯そう，アンテナ，鉄塔及び特殊用途用	7
工具	4
器具，備品（試験又は測定機器，計算機器等）	4
機械，装置	
汎用ポンプ・モーター・金属工作機械・加工機械その他	7
その他のもの	4
ソフトウエア	3

減価償却資産の償却率，改定償却率及び保証率の表（Ⅰ）

耐用年数	平成19年4月1日以後取得				耐用年数	平成19年3月31日以前取得	
	定額法償却率	定率法				旧定額法償却率	旧定率法償却率
		償却率	改定償却率	保証率			
2	0.500	1.000	—	—	2	0.500	0.684
3	0.334	0.833	1.000	0.02789	3	0.333	0.536
4	0.250	0.625	1.000	0.05274	4	0.250	0.438
5	0.200	0.500	1.000	0.06249	5	0.200	0.369
6	0.167	0.417	0.500	0.05776	6	0.166	0.319
7	0.143	0.357	0.500	0.05496	7	0.142	0.280
8	0.125	0.313	0.334	0.05111	8	0.125	0.250
9	0.112	0.278	0.334	0.04731	9	0.111	0.226
10	0.100	0.250	0.334	0.04448	10	0.100	0.206
11	0.091	0.227	0.250	0.04123	11	0.090	0.189
12	0.084	0.208	0.250	0.03870	12	0.083	0.175
13	0.077	0.192	0.200	0.03633	13	0.076	0.162
14	0.072	0.179	0.200	0.03389	14	0.071	0.152
15	0.067	0.167	0.200	0.03217	15	0.066	0.142
16	0.063	0.156	0.167	0.03063	16	0.062	0.134
17	0.059	0.147	0.167	0.02905	17	0.058	0.127
18	0.056	0.139	0.143	0.02757	18	0.055	0.120
19	0.053	0.132	0.143	0.02616	19	0.052	0.114
20	0.050	0.125	0.143	0.02517	20	0.050	0.109
21	0.048	0.119	0.125	0.02408	21	0.048	0.104
22	0.046	0.114	0.125	0.02296	22	0.046	0.099
23	0.044	0.109	0.112	0.02226	23	0.044	0.095
24	0.042	0.104	0.112	0.02157	24	0.042	0.092
25	0.040	0.100	0.112	0.02058	25	0.040	0.088
26	0.039	0.096	0.100	0.01989	26	0.039	0.085
27	0.038	0.093	0.100	0.01902	27	0.037	0.082
28	0.036	0.089	0.091	0.01866	28	0.036	0.079
29	0.035	0.086	0.091	0.01803	29	0.035	0.076
30	0.034	0.083	0.084	0.01766	30	0.034	0.074
31	0.033	0.081	0.084	0.01688	31	0.033	0.072
32	0.032	0.078	0.084	0.01655	32	0.032	0.069
33	0.031	0.076	0.077	0.01585	33	0.031	0.067
34	0.030	0.074	0.077	0.01532	34	0.030	0.066
35	0.029	0.071	0.072	0.01532	35	0.029	0.064
36	0.028	0.069	0.072	0.01494	36	0.028	0.062
37	0.028	0.068	0.072	0.01425	37	0.027	0.060
38	0.027	0.066	0.067	0.01393	38	0.027	0.059
39	0.026	0.064	0.067	0.01370	39	0.026	0.057
40	0.025	0.063	0.067	0.01317	40	0.025	0.056
41	0.025	0.061	0.063	0.01306	41	0.025	0.055
42	0.024	0.060	0.063	0.01261	42	0.024	0.053
43	0.024	0.058	0.059	0.01248	43	0.024	0.052
44	0.023	0.057	0.059	0.01210	44	0.023	0.051
45	0.023	0.056	0.059	0.01175	45	0.023	0.050
46	0.022	0.054	0.056	0.01175	46	0.022	0.049
47	0.022	0.053	0.056	0.01153	47	0.022	0.048
48	0.021	0.052	0.053	0.01126	48	0.021	0.047
49	0.021	0.051	0.053	0.01102	49	0.021	0.046
50	0.020	0.050	0.053	0.01072	50	0.020	0.045

＊1　耐用年数省令別表には，耐用年数100年までの計数が規定されています。

＊2　平成24. 4. 1以後に取得をされた減価償却資産の定率法の償却率等については次頁を参照のこと。

減価償却資産の償却率，改定償却率及び保証率の表（Ⅱ）

（平成24.4.1以後に取得をされた減価償却資産について定率法を適用する場合）

耐用年数	平成24年4月1日以後取得		
	償却率	改定償却率	保証率
2	1.000	−	−
3	0.667	1.000	0.11089
4	0.500	1.000	0.12499
5	0.400	0.500	0.10800
6	0.333	0.334	0.09911
7	0.286	0.334	0.08680
8	0.250	0.334	0.07909
9	0.222	0.250	0.07126
10	0.200	0.250	0.06552
11	0.182	0.200	0.05992
12	0.167	0.200	0.05566
13	0.154	0.167	0.05180
14	0.143	0.167	0.04854
15	0.133	0.143	0.04565
16	0.125	0.143	0.04294
17	0.118	0.125	0.04038
18	0.111	0.112	0.03884
19	0.105	0.112	0.03693
20	0.100	0.112	0.03486
21	0.095	0.100	0.03335
22	0.091	0.100	0.03182
23	0.087	0.091	0.03052
24	0.083	0.084	0.02969
25	0.080	0.084	0.02841
26	0.077	0.084	0.02716
27	0.074	0.077	0.02624
28	0.071	0.072	0.02568
29	0.069	0.072	0.02463
30	0.067	0.072	0.02366
31	0.065	0.067	0.02286
32	0.063	0.067	0.02216
33	0.061	0.063	0.02161
34	0.059	0.063	0.02097
35	0.057	0.059	0.02051
36	0.056	0.059	0.01974
37	0.054	0.056	0.01950
38	0.053	0.056	0.01882
39	0.051	0.053	0.01860
40	0.050	0.053	0.01791
41	0.049	0.050	0.01741
42	0.048	0.050	0.01694
43	0.047	0.048	0.01664
44	0.045	0.046	0.01664
45	0.044	0.046	0.01634
46	0.043	0.044	0.01601
47	0.043	0.044	0.01532
48	0.042	0.044	0.01499
49	0.041	0.042	0.01475
50	0.040	0.042	0.01440

＊　耐用年数省令別表第十には，耐用年数100年までの計数が規定されています。

【付録3】満年齢及び西暦早見表

年　号	年齢	西暦	年　号	年齢	西暦	年　号	年齢	西暦
令和 6	0	2024	昭和62	37	1987	昭和23	76	1948
5	1	2023	61	38	1986	22	77	1947
4	2	2022	60	39	1985	21	78	1946
3	3	2021	59	40	1984	20	79	1945
2	4	2020	58	41	1983	19	80	1944
令和元 (平成31)	5	2019	57	42	1982	18	81	1943
			56	43	1981	17	82	1942
平成30	6	2018	55	44	1980	16	83	1941
29	7	2017	54	45	1979	15	84	1940
28	8	2016	53	46	1978	14	85	1939
27	9	2015	52	47	1977	13	86	1938
26	10	2014	51	48	1976	12	87	1937
25	11	2013	50	49	1975	11	88	1936
24	12	2012	49	50	1974	10	89	1935
23	13	2011	48	51	1973	9	90	1934
22	14	2010	47	52	1972	8	91	1933
21	15	2009	46	53	1971	7	92	1932
20	16	2008	45	54	1970	6	93	1931
19	17	2007	44	55	1969	5	94	1930
18	18	2006	43	56	1968	4	95	1929
17	19	2005	42	57	1967	3	96	1928
16	20	2004	41	58	1966	2	97	1927
15	21	2003	40	59	1965	昭和元 (大正15)	98	1926
14	22	2002	39	60	1964			
13	23	2001	38	61	1963	大正14	99	1925
12	24	2000	37	62	1962	13	100	1924
11	25	1999	36	63	1961	12	101	1923
10	26	1998	35	64	1960	11	102	1922
9	27	1997	34	65	1959	10	103	1921
8	28	1996	33	66	1958	9	104	1920
7	29	1995	32	67	1957	8	105	1919
6	30	1994	31	68	1956	7	106	1918
5	31	1993	30	69	1955	6	107	1917
4	32	1992	29	70	1954	5	108	1916
3	33	1991	28	71	1953	4	109	1915
2	34	1990	27	72	1952	3	110	1914
平成元 (昭和64)	35	1989	26	73	1951	2	111	1913
			25	74	1950	大正元 (明治45)	112	1912
昭和63	36	1988	24	75	1949			

（注）　年齢は誕生日以後の満年齢数，誕生日前の人は1を減ずること

消費税について

昨年度版より消費税の解説は省略しています。

ご参考までに，国税庁ホームページに掲載されています「消費税のしくみ」のアドレスと QR コードを以下に掲げます。

アドレス

https://www.nta.go.jp/publication/pamph/koho/kurashi/html/01_3.htm

QR コード

《著者》

湊 義和（みなと・よしかず）

税理士
昭和60年　慶應義塾大学経済学部卒業
昭和60年　国民金融公庫（現日本政策金融公庫）入庫，支店勤務，米国留学，本店総務部勤務を経て，税理士事務所へ転職
平成８年　税理士登録
平成11年　湊税理士事務所開業
令和５年　ベストパイロット税理士法人設立
現在　ベストパイロット税理士法人代表社員，東京税理士会会員相談室相談委員，日本税務会計学会副学会長（法律部門）

◎主要著書
「事例で学ぶ生前贈与の法務リスクと税務リスク」（共著・大蔵財務協会）
「事業承継対策の法務と税務」（共著・日本法令）
「こんなにおもしろい税理士の仕事」（中央経済社）
「Q&A 不動産税務ハンドブック」（編集代表・中央経済社）
「税理士が知っておきたい資金調達50のポイント」（大蔵財務協会）
「税理士が知っておきたい創業支援50のポイント」（共著・大蔵財務協会）
「Q&A 税務調査から租税訴訟まで」（共著・税務研究会）
◎URL：https://minato-bestpilot.co.jp
〒100-0004　東京都千代田区大手町2-2-1　新大手町ビル新館２F

所得税ハンドブック（令和６年度版）

2024年７月１日　第１版第１刷発行

編　者　日本税理士会連合会
著　者　湊　義和
発行者　山本　継
発行所　㈱中央経済社
発売元　㈱中央経済グループパブリッシング

〒101-0051　東京都千代田区神田神保町1-35
電　話　03（3293）3371（編集代表）
03（3293）3381（営業代表）
https://www.chuokeizai.co.jp
印　刷／昭和情報プロセス㈱
製　本／㈲井上製本所

ISBN978-4-502-50651-2 C3034